U0126487

純粹力動現象學六講

吳汝鈞 著

臺灣學生書局 印行

自 序

　　這是拙著《純粹力動現象學》及《純粹力動現象學續篇》兩本書的導論性質的小書。由於這兩本書篇幅浩繁，解讀不易，因而作出這篇小品，作簡介之用。我在這兩本書中所提出的觀點、理論以至整個體系，都可以在這篇小品中看到。

　　這本小書之得以完成，要感謝國科會人文學研究中心、鍾振宇博士、蔡妙坤同學。其他一切有關這本書的資訊，都在書後的〈後記〉中有清楚而周延的說明。

　　書中的主體部分〈訪談〉和跟著的附註，是同等重要的，希望讀者能兼顧這兩部分，不要只把重點放在〈訪談〉方面。

純粹力動現象學六講

目　次

緣　起

「純粹力動現象學」六講
吳汝鈞教授訪談錄

（鍾振宇記錄）

　　2007 年 7 月至 8 月間，薪傳學者吳汝鈞（中央研究院中國文哲研究所研究員、國家傑出人才講座）與年輕學者鍾振宇（南華大學哲學系、成功大學中文系助理教授）依照國科會人文學研究中心「年輕學者輔導計畫」，進行了六次關於吳汝鈞教授最新思想「純粹力動現象學」的訪談（每次二小時）。訪談中吳教授就年輕學者所提的問題，進行了詳實而深入淺出的回應。在最後一次訪談中，吳教授也就台灣大學哲學研究所博士班蔡妙坤同學所提關於「中國哲學的生機」一論題，做出了說明。

　　經過六次的討論，年輕學者對於「跨文化哲學」的內涵有了更深的認識。薪傳學者所從事的，是東西哲學的統攝工作，尤其是藉由日本京都學派「絕對有」、「絕對無」哲學之區分，統合

東西哲學。除此之外，薪傳學者更進一步超越絕對有絕對無哲學，提出「力動現象學」，這無疑是哲學史上、中國哲學上的一項顯著的創新。對於年輕學者來說，是非常大的激勵。

各講大要：

第一講

純粹力動現象學對應的問題與起源：熊十力哲學之不足／新唯識論的體用思想／熊十力對佛教之批判／純粹力動之超越「體用論」／體用論過於機械化／力動現象學與宇宙論／胡塞爾與海德格不談宇宙論／詐現

第二講

超越的力動與經驗的動靜／動感在力動中與「無限回溯」的困難／老子言「動」／形上學的體用論／力動是超越主客對立之「超越的活動」、「純粹經驗」／西田幾多郎談「純粹經驗」／純粹力動作為「超越體用論的形上學觀念」／力動與生成之分別／力動宇宙論的重要概念：氣、詐現／「純粹力動之一」如何產生「多」／由「多」到「一」所關連的概念：生滅法、氣、力動／物質的氣如何由純粹力動詐現出來？／絕對矛盾的自我同一／華嚴宗四法界／場所／空間之優先性？／實體主義與非實體主義／各種理論之終極歸屬：實體主義與非實體主義／道家之歸屬問題／尼采、海德格之歸屬問題／絕對有、絕對無各有所偏：以熊十

力哲學為例／由力動現象學、機體哲學看傳統哲學的缺失

第三講

兩層認識論與兩層存有論／康德談知識之成素：感性與知性、構想力／智的直覺與物自身／西田幾多郎談物自身／康德的物自身義／「認識」的兩層涵義／佛教中的兩層認識論／對於物自身的認識／儒家（良知）與物自身／道家（靈台心）與物自身／莊子「離形去知」／向內的反思工夫：以上帝為例／感性直覺與睿智直覺會不會同時呈現？／力動之作為動感、活動／海德格論存有顯現為現象／力動宇宙論與氣的問題／解釋萬物起源、認識萬物之必要性／兩層認識之互轉／唯識宗的例子／胡塞爾的例子：經驗意識與絕對意識／現象與物自身之同時性：原則與實踐上之區別／物自身呈現的可能性／睿智直覺的自我屈折與良知的自我坎陷

第四講

牟宗三談現象與物自身／牟宗三談無限心／兩層存有論與兩層認識論／無限心／絕對有與絕對無／對道家哲學之定位／「力動」之涵義／對「體用論」之批判／尼采與力動現象學

第五講

物自身之行動義／海德格哲學的靜態性與缺乏動感性／牟宗三之物自身義／物自身之價值義

第六講

物自身的行動義與一般行為之不同／契機的問題／罪苦惡死／苦作為根本契機／力動之應用義：力動與壓力、苦／二層詐現：氣與萬物／希望與無常／苦的根源是否是力動？／力動作為宇宙論的起源／苦即助力：磨練意志／海德格哲學與力動現象學之差異比較／胡塞爾之不足：缺少宇宙論／力動工夫論／力動與各種我之關係

第 一 講

（2007 年 7 月 4 日）

（以下「鍾」代表鍾振宇，「吳」代表吳汝鈞）

鍾：您的「純粹力動現象學」的引發與熊十力的問題有關，特別是熊十力對於佛教的質疑。熊十力認為佛教的空觀與其悲心的生起似乎有衝突，是不是這樣呢？

吳：這個問題幾乎要從頭說起。就是說，熊十力有他自己一套形而上學的體系，這從我最初讀的《新唯識論》就可以看的很清楚。❶它裏面有一個很基本的觀點，就是有關本體與現象之間的關係。他認為本體與現象、體與用是「不二」的。體是用的體，

---

❶ 我很早便看熊十力的書了，剛進大學不久便讀他的《新唯識論》了。越看越覺得起勁、有興趣，好像看小說一樣。它對我的吸引力，有兩點可說。一是他對重要的概念和哲學問題，解釋得很周詳，讀者很容易被他引入一個幽深玄思的境界，有從世俗的煩囂解放出來的感覺。二是他的文字非常典雅流暢，發放出一種魅力，令人樂在閱讀之中，忘卻身邊周圍的事情。

用是體的用。沒有離開用的體,也沒有離開體的用。

以體用不二這種基本觀點來建構一套形上學,像剛才我所講的,也就是從圓融的層次來看,它還是不夠理想,不夠圓融❷,不夠圓極,因為其中還是明顯的分析的思路❸,我們很快就會碰到一問題:整個宇宙,整個世界,它們的那種在內容上的關係,是不是一定要用「體用」關係來講?而且以體就是本體,用就是作用,或者是顯現呢?

整個宇宙、包括我們人的生命存在在裏面,是不是一定要把它分成為體跟用呢?體是這個意思,用是那個意思,然後說體用

---

❷ 說到圓融、圓極的思想,佛教的天台宗發展得非常充實、周延。智顗在他的《法華玄義》中提出「煩惱即菩提,生死即涅槃」的具有吊詭性的命題,把煩惱、生死與菩提、涅槃兩方的對反的極端等同起來,在工夫論上消解了、解構了煩惱與菩提、生死與涅槃所分別構成的背反(Antinomie),可謂圓融的極至。印度佛學的《維摩經》和禪宗中的慧能、馬祖、臨濟以至日本的道元都是走這種思路。要能達致圓融、圓極的境界,需要超越一般凡俗的情見,表現洞見(Einsicht)才成。吊詭或背反的雙方在存有論上是對等的,故不能以一方如菩提克服另一方如煩惱,而是要從吊詭或背反的內裏突破開來,超越上來,達致煩惱與菩提雙七的境界。

❸ 所謂分析,含有超越的分解(transzendentale Analyse)的意味,即是超越者與經驗者的分隔、形而上與形而下的分隔、理與氣的分隔、物自身與現象的分隔、體與用的分隔、佛與九界眾生的分隔、聖與凡的分隔,等等。熊十力的體用論強調實體與現象不離的體用不二、不分離的觀點,但實體與現象、體與用仍是各有其內容,兩者還是不同,有超越的分解的意味在裏頭,未臻於圓極的境界。這與筆者所提的純粹力動現象學中體與用完全相同的觀點不同。

是不離、不二的關係，這個宇宙的真相是不是要這樣看？是不是一定要這樣來了解？對於這一點，我們可以進一步思考一下。這是一點。另一點就是熊先生對於佛教的那種批判。他說佛教強調那種空理，就是強調諸法、種種事物都沒有自性，佛性也是這樣子，到最後還是空的。❹在另外一方面，佛教也很重視它的那種

---

❹　所謂空（śūnya）或空性（śūnyatā）即是沒有自性的真理狀態。自性（svabhāva）是常住不變的實體。佛教強調緣起（pratītyasamutpāda），認為一切事物都是由緣（pratyaya）或因素組合而成，沒有實在的自體、自性，因而是空的。空與緣起是作為生滅法的事物的一體二面，從事方面說是緣起，從理方面說是空。有些朋友曾對比筆者的純粹力動觀念中的力或力動，提出緣起是否有力或力動在其中，這力或力動推動種種因素會集在一起，而成就現象、事物、法（dharma）的問題。我說不能這樣比附，因為在緣起的情況，種種因素即使在一種力動的推動下會合在一起，而構成某一事物，這種力動只能是經驗的、物理的、心理學的力動。而純粹力動是一種超越的力動，它既不是物理的力動，不是心理學的力動，也不是精神的力動（由精神實體發出來的力動）。純粹力動其實是一種超越的力動，有點像京都哲學家西田幾多郎所說的形而上的綜合力量。不過，還有明顯的不同。西田是非實體主義者（non-substantialist），其立場與禪的無頗為接近，他以絕對無（absolutes Nichts）來解讀這禪的無，視之為一種形而上性格的綜合力量。純粹力動是從超越的活動說起，既然是一種活動，則力或力動已包涵於其中。從分析的、分解的角度言，這力動本來是一種純粹的動感，它的本質只是動感。它的開展，便在宇宙論方面成就了世界，在文化上也開拓出道德、藝術、宗教與知識一類價值活動。從哲學立場來說，純粹力動不屬於實體主義（substantialism），也不屬於非實體主義（non-substantialism），而是兩者的綜合與超越的一種動感。
京都哲學家阿部正雄認為空有動感，因而有動感的空（dynamic śūnyatā）的稱法，這是他的新的詮釋，與印度佛學特別是般若思想與中觀學說空的原意不符。

宗教的理想，就是要普渡眾生。看到眾生生活在生死大海，或者是煩惱之中，非常痛苦，所以佛教強調它的宗教目的，就是要普渡眾生。這是說，要對眾生加以教化、轉化。讓他們能夠從種種顛倒的見解、顛倒的行為方面逃離出來，覺悟到空的真理。**❺**在這方面就有一個問題，以空來講終極真理，那空就是事物沒有自性、緣起的意思。這樣看事物的真相，可以沒有問題。問題在你一方面講空寂的真理，一方面又講要普渡眾生，要實現它的那種入世的宗教目的。可是，普渡眾生是一種艱苦、艱難的活動，要有強有力的力量來進行，這種力量從哪裏來呢？這就是問題。**❻**如果我們站在像黑格爾講的精神實體的角度來看，這不會成為問題。「用」可以說是從精神實體發出來，它是實體，有實體的內容（Inhalt）。本著不虛妄的精神內容，精神實體可發出一種精神的力量，去普渡眾生。可是在佛教的情況，它絕對不能這樣談，因為精神實體在佛教來看還是虛妄的、本來就不存在，是我們對事物有執著，以為在事物背後有自性、有實體，在這種看法下就會產生這種觀點。佛教講性空，就是自性或實體都是空的，

---

❺ 顛倒的見解與顛倒的行為是一種因果關係，前者是因，後者是果。顛倒的見解（dṛṣṭi）是佛教所謂的邪見，特別是自性見（svabhāva-dṛṣṭi），以為事物都有自性、實體，因而對它起執，追逐不捨，結果一無所得，反而感到迷失、煩惱。

❻ 空是事物或諸法沒有自性、實體的真理狀態，它是一種狀態，有靜態的意味，是虛的。普渡眾生則是一種極為艱苦、費時的活動，需要有足夠的力量來達致。空是狀態義，沒有動感，沒有普渡眾生的力量。

都是沒有的。如果你是從精神實體來講力，這是黑格爾的講法，
這個問題在黑格爾方面不會產生困難。但在佛教裏面就有困難，
它不能建立精神實體，它講空，是站在精神實體的存在性的反
面，它的立場是，事物根本沒有實體或精神實體，所以不能本著
這種觀點來解決這個問題。那你是講真理、講性空，然後又講普
渡眾生，那普渡眾生的力量從什麼地方來呢？從什麼地方有這種
力量呢？這種力量不能從性空來講。所以問題就在這裏。這是熊
先生對佛教的深層內容的一種洞見（Einsicht），他看到這個問
題。

　　如果我們不從性空來講，而從另外一些佛教的觀念來看，有
沒有某些重要的觀念展示一種「作用」，或者是說，它可以顯
現、表現一種力量，來進行普渡眾生的宗教工夫呢？我們也可以
從這方面來考量。考來考去，我想還是沒有。就和「性空」相並
列的一些重要的概念來看，譬如說佛性、菩提智、涅槃，我們可
以看到，佛教設立這些觀念，還是不能解決熊十力的問題。譬如
說佛性，佛性就是如來藏，一種覺悟的潛在能力，佛性能不能作
為普渡眾生所需要的力量呢？這種力量能不能從佛性裏有它的根
源呢？不行，因為佛性、如來藏講到最後，還是講它是空性的、
空的，不能解決這個問題。❼般若智可不可以呢？也不可以。因

---

❼　天台宗智顗在他的藏、通、別、圓的判教法中，曾批評通教（包括《般若
　　經》、中觀學和《維摩經》）所說的中道（madhyamā pratipad）沒有功
　　用，而他的圓教所說的中道等同佛性（buddhatā），這中道佛性有功用。
　　但說到底，佛性仍是空的。如上面所說，以空為真理的說法不能解決力或

為般若智是由佛性發出來的，般若智本身是一種照明的能力，能夠照見事物的空的本性，而它的根源在佛性，它是從佛性發出來。可是佛性我們剛才說過了，它有它的困難。「涅槃」也不行，因為涅槃是一種境界，你做了很多工夫，結果你覺悟了，得到 enlightenment（悟），那你的精神境界或精神狀態，就是涅槃。涅槃不是什麼具有實體的東西，而是覺悟真理、從種種煩惱解脫出來的境界。所以，涅槃也不是一個有「體」的意味的觀念，它不能提供證得涅槃的人力量來普渡眾生。

這是熊先生所提出的對佛教的一種很嚴厲的批判。然後他就提出本體、實體，他參考儒家經典，特別是《大易》，《大易》裏面所講的本體、實體、易體，他說這個易體有能生的大用、能發用，這種大用有宗教的功能，有進行文化活動的功能，他提出這種觀點，繼續思考下去，最後就成就他那一套體用不二的形而上學系統。

我們看熊十力與佛教這方面的觀點，也可以提出一些問題來質疑他們。佛教就不用說了，因為熊十力已經對它提出很嚴厲的質疑。他的質疑我覺得很合理，佛教的確有這個問題。所以我們就把思考的焦點由佛教轉到熊十力的體用不二論去。那我們可以提出一個問題，就是說，熊十力提體用不二，認為用是力量、功

力動的問題。即使有些文獻提到佛性或如來藏（tathāgatagarbha，潛在的佛性）有不空的一面，但這不空是就方便法門說的，這方便法門是工具義，與力或力動沒有直接的、實質的關聯。

能，要有一個源頭，這源頭就是體。以體作為根源，發出它的力量，這是他思考的方式，我們可以提出一個問題，就是說，這個用、這種動感、這種動感的力量，是不是要由一個實體意義的體發出來呢？像我們通常在經驗生活裏面所碰到的現象，很多作用都要從一些機器發出來，譬如說發電機有發電的能力，它就能產生電力。從另一方來說，電力必須由發電機發出來。如果沒有發電機，電力就沒有辦法發出來。現在的問題就是說，這種力量、力動是不是跟我剛剛提的說法一樣，一定要有一根源，才能夠發出來呢？這種普渡眾生的力量，是不是要由實體發出來呢？如果是這樣子的話，用一定要由體作為根源，由體發出來，像我們在日常生活中碰到的現象一樣，那我們可以問，這種體用關係是不是有點機械性（mechanism）呢？這種思維不是一種 mechanical 的方式嗎？

然後我們可以進一步來講，這種用，這種力動，它本身可不可以就是體呢？它本身就是一種力量，來進行普渡眾生的工作，不需要一個體。從這裏我們可以更深入一點看，如果用本身就是一種活動，它本身具有動感、一種力動，它本身是一種超越的活動，如果有這種東西的話，它既然是一種活動，就表示力量就在裏面。不然的話，你講它是一種活動就沒有意思。一種活動裏面一定有力量存在，這個很明顯，我們可以在日常生活中看到明顯的例子。如果我們可以把這種活動建構為形而上學的終極原理的一種活動的話，那它本身就有一種力用，不需要依靠本身以外的一個體，作為它的根源。如果我們能夠把這種活動建構為形而上

的觀念，作為終極原理而提出來的一種觀念，那麼我們就可以不談體。或者說，這個體就在用裏面；或者說，這個用本身就是體。用跟體完全是一樣的，那麼體用關係就不存在，體跟用這種對比並排的觀念也不需要。既然兩者是完全一樣，我們就不需要分別體跟用，體跟用兩個觀念便不需要設立了。以這種力動講終極原理的話，這樣就行。如果是這樣的話，體用關係就不存在，在形而上學裏面，就沒有它要扮演的角色。這就是我所思考的一套形而上學的理論，或者是說「純粹力動現象學」。❽我是先從

---

❽ 這裏涉及一個非常重要的形而上學問題，那就是廢除體用關係或體用論。這從表面來想的確有點不可思議：體用論是形而上學的關鍵性的理論，怎麼可以廢除呢？廢除了，我們還能講形而上學麼？我說當然可以。一般人作形而上學的思維，總會捧出一個大實體作為終極原理，這終極原理有種種名：大梵、耶和華、道、天理、良知等等，他們認為，宇宙中所表現出來的各種作用、力用，都是由這個作為終極原理的形上實體發出來的。而這形上實體之所以是重要，正是由於它能發出種種力用、作用的緣故。它也作為一切事物的存有論的終極依據。沒有了它，世間的一切作用、事物、現象的出現，都不能說。我曾經有過這樣的質疑：這樣理解終極原理，把它當作一副機器如發電機那樣，機械性地（mechanically）發出電能，在方法論上不會有問題麼？終極原理是勝義諦（paramārtha-satya）層次的東西，我們能不加以反思地把它當作世俗諦（saṃvṛti-satya）的東西如發電機那樣來處理嗎？我們能不能不把終極原理視為一形而上的實體，而視為一超越的活動（transzendentale Aktivität）呢？倘若可以的話，則由於它是一超越的、純粹的活動，力用、作用自然也在裏頭，我們便不必為這力用、作用在外邊找尋一個實體或體，作為其根源了。我們更可以說，這活動自身便是體，它同時也是用。作為終極原理的活動、力動倘若是體也是用，則體與用完全指涉同一的東西，體用關係是同一關係。倘若是這樣，則體用關係、體用論便變得無意義，而可廢除了。宇宙的根源、終極

這個角度來想，然後對這個純粹力動作多方面的思考，把它建構
為有終極真理意義的形而上學觀念。

鍾：可是一般學界不也已認為熊十力的體用論已經十分圓融，在
繩子之中就可以看到麻之類的比喻，在冰裏面就有水。我還是不
太明白，在什麼角度說這體用關係還是機械化的呢？

吳：你說從繩就可以看到麻，可以說，麻是本質，繩是本質的表
象。你是不是這樣講呢？

鍾：就熊十力來說，麻是體，繩是用。他也是強調「攝體歸
用」，他也是以現象界的用為主。

吳：他最初講「攝用歸體」，後來倒轉來講，要「攝體歸用」。
如果你說麻是本質，然後繩是顯現，這有一個問題，本質是抽象
的，或者是某種類，如麻類，這個類裏有它的普遍性。所有的繩
子都普遍地是麻的表現，所以麻是本質的、抽象的，繩是實在
的、具體的。怎樣能把抽象的麻跟具體的繩結合，而說繩的本質
是麻，麻是繩的本質，繩是麻的表現呢？本質是抽象的，現象、
事物是具體的。如果你說具體的是抽象的「表現」，那我就提問

真理便不是實體，而是純粹活動或力動了。在我對鍾君的問題的回應中便
有這個意思，我在這裏只是較為清晰與扼要再說一遍而已。

題說：這兩個東西是不同的東西，麻作為本質是抽象的，跟繩作為現象是具體的，那你這種關係怎樣建立起來？這裏涉及一種宇宙論的問題。抽象的東西怎樣能顯現為具體的事物呢？具體的事物是具體的、立體的，它有種種經驗的性格，它有它的形象、作用。你說這繩，包含我剛剛講的多方面的性格的繩，它的本質是麻，我就可以提一個宇宙論的問題：這些東西都是具體的，我們可以用感官來接觸，可是它們的本源或本質是麻，麻是抽象的，抽象的東西怎樣能顯現為具體的、立體的東西呢？這需要一種宇宙論的推演。這與柏拉圖那一套形上學可以連起來思考，柏拉圖把世界分隔，一個是現象的世界，另一是本體的世界，他用的字眼是 idea，也就是理型。柏拉圖哲學最明顯的困難就是理型怎樣能和具體的事物連起來。我們面對很多鞋子，根據柏拉圖的講法，這些鞋子有模型、理型，他是以理型做為樣本、標本，以鞋的理型作為標本來做出很多雙鞋子。問題是說，鞋子的理型與現實上具體的鞋子怎樣連結起來呢？這問題一直存在，他自己也無法解決。所以這個本質與現象、顯現的問題，你分開來講就很好講。可是你如果一定要把本體跟它的顯現連貫起來的話就不好講，你一定要有一種宇宙論的規定。所謂宇宙論，它主要的功能、作用，就是解釋事物的生成跟變化。那我們馬上可以提一個問題，就是說，事物的生成跟變化都是具體的現象。事物是具體的、立體的事物，它的生成就是本來沒有這個鞋子變成有這個鞋子。這個鞋子你一天一天地穿它，它會變舊，形狀也維持不住，最後變得不能穿了。生成跟變化都離不開具體性跟立體性。如果

你要從本質，即鞋的理型作為根源，那麼對於一雙一雙具體的鞋子，你就必須面對所謂鞋子的理型或本質如何產生存在的鞋子本身所有的具體性、立體性的現實。由此你需要宇宙論的推演。Plato 沒有做這個，Husserl 也是。我想 Heidegger 及 Kant 也是。因為他們哲學的重心都不在宇宙論。Whitehead 跟這個問題有點關係。

鍾：這也是我想問的問題，就是到了現象學之後，宇宙論的問題變得不是如此地重要。在純粹力動之中為何還需要強調宇宙論呢？

吳：這個問題很簡單，宇宙論所要面對的，它所要交代及解釋的，是具體的物體及現象的生起及變化。這是我們在經驗生活裏面一定會碰到的，也逃離不開的問題。這是經驗生活的一部份。如你現在所穿戴的衣物都是在日常生活中與你有密切的關係。除非你把它們都脫掉，到海水裏去游泳，但那海水仍然是具體的東西。即便不在海裏活動，你到太空的空間中，你所搭乘的飛機仍然是具體的事物。對於在日常生活中與你有密切關係的事物，如果你不瞭解，就無法生活的更好。就像你使用錄音機，對於錄音機就要有一種瞭解。這種瞭解是專門的，概括性沒有這麼廣。宇宙論就是對於具體事物的生成變化提出一種總的原則。特別是本質與現象如何關連在一起，如果你說本質就是種種事物的本質，我可以提問，抽象的本質如何可以產生具體的事物？這是宇宙論

要處理的問題。另外有一些分流的原則，那就交給自然科學去處理。所以我們常說宇宙論是一種自然哲學❾，自然科學諸如物理、化學、生物、電機就是從宇宙論分流出來的專門的學問。宇宙論主要是處理宇宙中種種現象事物的生成變化的總原理；不同的事物也要給予解釋，如生物和死物不同，生物中有動物和植物，地球怎樣運行，電機如何發電，水如何分解成氫與氧，這些問題就留給物理學、生物學、化學及電機學去處理。

現象學的確不大談宇宙論，如 Husserl 的哲學中就沒有宇宙論。那套東西就是一套形上學，主要以意識為中心觀念的一種形上學。現象學不談宇宙論並不表示宇宙論不重要。你可以說他們太重視意識、觀念的問題，而忽略了經驗事物。所以這表示現象學不是一套完整的哲學體系，不能以現象學作為一個標準來衡量宇宙論是否重要。我認為現象學若要繼續發展，就必須做宇宙論上的發展，比如說 Husserl 就很強調所謂的具體性，當我們談本質時，就要從具體的事物來談，而不能抽離於、孤立於具體的事物。他是有這樣的觀點，所以他有一句話，平常聽來很不合理或荒謬，他說本質是具體物（Konkreta）。這種講法在哲學史中幾乎是沒有的，可被視為思想混亂。本質和具體物屬於不同的範疇，一個是抽象，一個是具體。但他也沒有繼續發揮這樣的觀

---

❾ 這裏所謂自然哲學，是有關作為對象看的自然世界的種種現象、事物的哲學的處理的學問。這裏所謂自然（nature），是與我們人並列、面對著我們人的客觀的世界，不是老子、莊子他們道家所說的自然。道家的自然是指道而言，是價值性格的觀念，宇宙論的、科學的自然沒有價值的涵義。

點。我的看法是，他的意思就是本質（Wesen）不能抽離於、孤立於具體的事物。他還有一種意思，就是從存有論的角度來講，本質不能離開具體物而建構起來，這背後的思維背景是如此的，而非混淆抽象與具體。但他的現象學是將焦點放在意識上，而成就一套意識哲學或意識現象學。這就是他那套系統可以繼續發展的空間。他的現象學還是有很多地方不周延。他的助手、學生如 Eugen Fink 也都不大談這個問題，是這個問題被忽略了，而非不重要。你的看法如何？

鍾：Heidegger 傾向於談「意義」的問題，即人和事物的關係中，意義為何的問題，而不談具體的事物如何生成變化。在存有論中，他的存有是一個世界，世界所開啟的就是各種不同的意義，他不會去解釋客體的生成變化。

吳：他是從意義來看具體的事物？

鍾：對。

吳：所以我想他們的哲學都有補充的空間。我們先從 Ereignis 和 Gelassenheit（任運、泰然任之）來談。❿就是說我們要讓開，讓

---

❿　Ereignis 是海德格（M. Heidegger）用得很多的概念，日本學者通常譯為自然、現成、性起（這與華嚴宗的性起觀點不同）、自現等等，指在存在

事物、現象駐足於一種自由自在的發展空間中。兩個語詞都有這
樣的意思，這樣的意思在道家，特別是老子、莊子及郭象表現得

的真理與人、思維的交互歸屬的脈絡下事物自然地現起的相狀，那是事物
自身所固有的相狀。海德格晚年更重視這個概念，他由對於存在的意義問
題的關注轉向對存在自身問題的關注，依於性起思想而要超越存在，把思
維引領向更深入的存在自身的呈現、呈顯的場域方面去。（參看木田元、
野家啟一、村田純一、鷲田清一編集《現象學事典》，東京：弘文堂，
2004，pp.140*r*, 225*r*, 337*l*）這近於道家特別是莊子、郭象的逍遙思想，也
略有程明道的「萬物靜觀皆自得」的「自得」意味。另外，海德格以事件
來說真理，這事件是存在顯示自己的本質的事件，涉及自現的性格
（Ereignischarakter）。這讓人想起懷德海（A.N. Whitehead）的宇宙論的
重要的事件概念、實際的境遇概念，這都是從動感一方面來說真理。
至於 Gelassenheit 一概念，在海德格晚年的思想中，更備受關注。對於這
個概念，日本方面多譯為放下，我國方面則譯為任運隨之、泰然任之。京
都學者久松真一的《著作集》中，第七集的名字便叫《任運集》，收錄他
在藝術與禪方面的作品，包括書法、繪畫、漢詩、俳句、印章、畫一圓相
等，有回歸自然之意，與海德格在這方面的思想有些關連。海德格到了晚
年，對於原子時代的科學技術思想嚴刻地加以批判，一方面認為科技文明
提高了人類的生活質素，同時也感歎這讓人失去了自己的精神的故鄉。我
們對於科技的態度，的確要重新考量。海德格提出，我們對於科技的發
展，不是贊成或反對這麼簡單，而是要以一種平和的態度，把物體、物質
放下（die Gelassenheit zu den Dingen）。這種態度並不是視物體為技術的
對象，我們應以大地與天的結合為本，讓物體就其自己本身而生起（Das
Ding dingt）。不過，海德格認為，物體的生起，是以自我隱蔽的方式面
向我們自身，我們對於這種奧義，應該以開放態度迎之（die Offenheit für
das Geheimnis）。一方面放下物體，一方面迎向這種奧義，同時在這兩方
面作工夫，放棄以人的主體性來把握世界的做法，把自己置身於泰然任物
生起之中，而深化我們的反思。（Ibid., p.424*l*, *r*）

最為明顯。所以 Heidegger 在中國哲學中最欣賞道家。他也不講宇宙論，可是他很強調我們對於宇宙萬物要開放，讓它們享有很多自由的空間，而不去加以控制，以一種開放的眼光及懷抱去觀看萬物的生生歷程。Husserl 的意識哲學中好像沒有這種觀點，他主要關懷的是意識如何建構存在的世界。把意義通過意向性傳達到所構架的對象方面去。可是這跟具體性及立體性還是連不起來。意識是抽象的，如何構架經驗世界，沒有交代。它沒有交代，不表示這個問題不重要。每一個哲學系統都有其優點，另外仍是有其不足處，我們不能期待一個哲學家的體系是完全周延的，它總有繼續改進的空間。人不是上帝，總是有限的，唯有上帝是無限的。人總是有在哲學上發展的機會。

鍾：我想回到熊十力的體用關係問題，就是麻跟繩的比喻。老師的回答是，本質是抽象的，現象是具體的。但是熊十力可能也會反對這種區分，即 Plato 的區分方式。所以比較能詮釋熊十力哲學的可能是海德格的架構，就是「現象是本質的顯現」。⓫熊十

⓫　海德格的精確的說法是「存在的本質是呈顯」，或「存在以呈顯來亞成其本質」（Sein west als Erscheinen）。「本質」（Wesen）是一個形而上學、存有論的概念，它的靜態傾向也很明顯。「呈顯」則可以看成是工夫論的概念，富有動感的意味。海德格很重視呈顯概念，他以為本質作為事物的根本的要素，不應處於隱蔽的狀態，它需要呈現出來。他認為存在需要在它的呈顯中、對世界的開放中成就、實現它的本質。若沒有呈現，有關本質的任何面相都不能說。實際上，黑格爾在較早也有類似的說法：本質必須表現。純粹力動也是一樣，分解地說：它自身是一個終極義的抽象

力也認為體可以展現為用,而不是孤立的體。

吳:我們面對的問題是,如果我們接受體用不二的哲學立場,就
表示體用不能分離,用要從體發展出來。這套思想若被接受的
話,我所提的問題仍是有效的,即體是抽象,用是具體,抽象如
何生起具體、立體的事物呢?熊十力對這點反而有交代,他是參
考唯識學的講法。唯識學有「似現」、「詐現」的觀念,就是說
識是抽象的,事物是具體的,大概唯識學也不會承認這是真實,
它會暫時擱在一邊,像 Husserl 所說的終止判斷(Epoché)。它
所注意的是心識的活動,心識的活動是一種所謂轉變

的原理、真理,需要具體化、客觀化以展示自己的功德。它作為一終極原
理、真理,其意義實含有呈顯的意味。不然的話,便不是一完滿的終極真
理、真理。不過,依筆者的《純粹力動現象學》及《純粹力動現象學續
篇》來說,純粹力動的呈顯需經歷一漸進的歷程,在這歷程中有多個階
段,包括凝聚、下墮、詐現為氣、氣再分化為蘊聚,最後詐現為有時空性
的萬事萬物。

關於終極真理必須、必會呈現一問題,我在這裏想多說一下。真理有真實
性,它是有關世間種種經驗事物的真理,它的真實性的「實」,是關聯著
實際存在著的經驗事物說的。真理要有實的指涉,才可說圓滿。我們不可
能設想宇宙中有一種真理,存在於宇宙中的一角,與一切經驗事物完全沒
有交集,沒有連繫。這樣的真理,沒有實可言,便沒有圓滿義、圓融義。
我們甚至可以進一步說,圓實(圓滿而真實)的真理,應該直接涉入經驗
事物之中,甚至構架它們,作為它們的存在性的基礎,成全它們的存在
性。純粹力動現象學的純粹力動作為終極真理,便有這種意味。這個意思
也與西方詮釋學所提真理自我揭蔽、自我開顯的觀點有交集處。

（parināma）。識不是死的東西，它是有活力的、能活動的。如
何活動呢？唯識學從它與世界的關係，以心識作為事物的根源來
談。這個心識本身有體性意味，但不能永遠停留在一種抽象狀態
裏，它必須顯現、表現，所以唯識學，特別是護法
（Dharmapāla）的系統承接世親（Vasubandhu），發揚識轉變
（vijñāna-parināma）的觀念。「識」會分裂、具體化，有分化的
情況，分化成為相分（nimitta），它自己以見分（dṛṣṭi）的身分
去了解相分，執取相分，以為它有自性。這是護法唯識學的講
法。「識」是抽象的、有體性的東西，相分所概括的萬物是實在
的、具體的、立體的。心識如何分化為具體的和立體的東西、存
在呢？這還是我剛剛提出的問題。唯識學有它解決的方式，它提
出所謂「似現」、「詐現」（熊十力提出「宛然詐現」），
「似」是不真，「詐」也是「不真」。只是樣子很像，好像是這
個樣子。所以它說「詐現」就是心識詐現萬法，心識在它的活動
過程中進行自我的分化。自我分化的結果，就是有種種不同的、
具有具體性、立體性的事物出現，可是它又加上一個「詐」字，
梵文是 pratibhāsa，就是我剛剛講的「詐現」。所謂詐現就是某
一對象顯現在我的面前，好像真的有這麼一個對象，這就是詐。
詐就是「不是究竟的」、「不是真實的」，它只是在我的活動歷
程裏面以某一種型態表現在我的面前。所以，這個沙發也是詐
現，這個杯子也是詐現，錄音機也是詐現。它就是為自己那一套
形上學留下空間，不把這些東西講死，如果一講死了，就是說這
些不是詐現，而是真實的存在，沒有討論真假的餘地，那就很麻

煩。倘若是這樣子，一定要接受自性的觀念才行。這與佛法就有很大的矛盾！我們今天就講到這裏。

第 二 講

（2007 年 7 月 5 日）

吳：上次講到，純粹力動一直強調那個動感，對不對？

鍾：對，這個我今天也想問。問題就是說，像老子很明顯地是很重視靜（至靜），「靜為躁君」，他是以靜為主。海德格的話也是參照老子的，他也是以靜為主。當然他這個靜是超越了一般物理學的運動跟靜止的那種區分。老師的力動也是絕對義，也是超越了一般物理學的運動跟靜止的那種區分。如果兩者（絕對義的靜、絕對義的動）都是超越了動跟靜的區分的話，為什麼需要特別強調「動」（而不強調「靜」）呢？

吳：我想，其中的理由可以這樣說。世間事物有動有靜，這是就一般經驗事物的那種狀態說，不是動態就是靜態。可是這種動靜，是從相對的角度來講，就是說，它靜止或者是運作，不是永遠這樣，而是這種動靜是在相對相關的關係、脈絡裏面來講。純粹力動是一種超經驗的力動，它是恆常在運作，沒有絕對靜止不

動的情況。其中理由就是，如果它有絕對靜止不動的情況，然後它要運作，就是說，從這種絕對靜止的狀態變成一種表現動感的狀態，這裏面就需要一個因素，讓它從靜轉為動。這個因素如果是在純粹力動裏面的話，就表示純粹力動有了這種讓它動的因素，那純粹力動就是恆常在動感裏面，因為在它內部已經有了運作的因素。有了這個因素，它就是恆久在運作、在作動。如果這因素不是在純粹力動裏面，而是在外面，那你馬上就有一個問題，就是如果這個讓靜態轉為動態的因素在純粹力動以外的話，那它表現對純粹力動的推動力也要一個因素來讓它發揮那種推動力，讓純粹力動從靜態轉而為動態。這個因素也需要另外一個因素去推動它，讓它推動純粹力動從靜態轉成為動態，這樣推下去的話，就陷入一種無窮推溯的困難。這個意思我可以再簡單地講一遍，就是說如果純粹力動是 A，另外一個推動純粹力動的因素、讓它從靜態轉為動態的那個因素稱為 B。如果因素 B 是在純粹力動裏面，那這個因素就讓純粹力動永遠處於一種動態中。那種動態的力量或者是勢用可以有強有弱，所以只要那個因素在純粹力動裏面的話，力動就會永遠處在一種動感的狀態中。如果你說 B 不在 A 裏面，而是在 A 的外面，那這個 B 就永遠是一種因素，能夠讓純粹力動從靜態轉為動態的因素。它就是引起這種作用，從它還沒有表示它的影響力，到它正式表現它的影響力去推動純粹力動，讓它從靜態轉成為動態。甚麼因素讓這個 B 去推動純粹力動，讓它轉成為動態，這裏面還要另外一個因素 C。那這個 C 發出它的影響力去推動這個 B 運作，這個 C 也需要一

種推動力，就是說，A 要 B 來推動，B 也要 C 來推動，C 也要另外一個因素來推動，這樣就變成一種無窮追溯。這就是這裏面的理論的困難。

你說老子也講靜態，我想……

鍾：他當然也有講動，他說「反者道之動」，這裏面也有一種動感。

吳：老子的書裏面有一句話很重要，他說「周行而不殆」，這表示道就是在那種恆常的動感裏面，而「反者道之動」就表示那種動的方式，它是通過「反」，就是一個事物一直向前發展，發展到某個限度，會從那個限度退回來，它不會一直發展不停，成為一種所謂的流逝，它如果一直流逝的話，它就消失了。這就是虛無主義所講的，變成了 nothing 的情況。所以，老子所講的道，我想，從道是「周行而不殆」就可以說是恆常在動感中。問題是那種動勢有強有弱，要看客觀的環境是怎麼樣。

我現在再講一點作為補充，那是上一次還沒有講完的。就是說，一套形而上學的體系，通常都是設定一個本體，或者一個實體，然後它可以產生作用。這個作用包括一般的事物在裏面，就是「用」。「用」就是本體、實體的發用，這個發用的涵蓋面可以很廣，可以說是一種現象，也可以說是一種物體、一種事件。如果是這樣子的話，體用論就很自然要提出來。體就是絕對的真理，那個本體、實體，它有體性的內容。然後因為它是抽象的，

它要呈現，在時間空間裏面，要呈現為種種現象，或者是種種事件、種種物體，它要表現為這個作用，所以我們就以這個用來概括。這樣子的話就成立體用關係。專門探究這種體用關係的哲學，叫作體用論。

形而上學通常是這樣子的。哲學家講到形而上學的問題，通常都是這樣講，包括熊十力。❶在他看來，這體用論表示宇宙的真相，也就是真理、終極的真理、終極的原理。可是對這種形而上學理論，我們可以進一步再去思考，就是說，終極的真理、原理不一定要設定一個實體，然後以這實體作為本源，生起現象界的種種事物。或者從另外一邊講，在現象界裏面的種種事物、種種作用，是不是一定要機械性地，要從一個作為體，或者說作為它的本源、發用的本源的實體來作為它的發用的源頭呢？如果我

---

❶ 東西方的形而上學，特別是實體主義的形而上學，通常都是這樣講。但說到細節方面，便有分歧。例如動感上的不同，不過西方的形而上學除了柏拉圖的理型說不講動感外，其他的說法大體上是講動感的。東方的形而上學，幾乎都強調動感。最不相同的，還是在體證形而上學的真理方面，這便是工夫論的問題。西方哲學家重視思辯，而不大講求工夫實踐，只有幾個大的宗教傳統如猶太教、基督教和伊斯蘭教，都擺出相當嚴格的宗教儀式，要信者依著去做。這樣便可以與上帝、神明溝通，提升自己的精神境界。東方的形而上學，不管是宗教的抑是哲學的，思辯性不是那麼強，但幾乎全都有自己一套工夫實踐。如印度教要人席地瞑思，讓自己的自我（ātman）淨化，以與大梵（Brahman）瞑合。儒家講克己復禮，存天理，去人欲，達致天人合一。道家則要人坐忘，作心齋工夫，以自己的靈台明覺心與天地精神相往來。佛教則教人去除煩惱，斷盡無明，而入涅槃。

們從這個思路去想的話，我們可以有另外一種思考，就是說，這個終極原理或絕對真理是不是可以不說為一種實體，不說為一種存有，有靜態趨向的那種存有，作為一種所謂 Sein，卻是作為一種活動，一種 activity 而成立呢？

我們對終極真理的瞭解，除了用實體的思路去瞭解以外，是不是可以用另外一種方式、從另外一個面相來講，說這個終極真理可不可能是一種活動呢？這種活動可說是一種超越性的活動，它沒有經驗性的內容，也沒有主客，沒有主體、客體那種二元性的對立的關係，是吧？它沒有這些，它是一種渾然而沒有主客分別、沒有二元性的關係。它最原初的狀態，是一種超越的活動，或者說，一種純粹的活動，像西田幾多郎所講的純粹經驗。我想我們可以參考西田的純粹經驗這個觀念來瞭解。這就是我提的純粹力動。❷在西田的著作中，從《善之研究》開始，他就一直講

---

❷　形而上學通常都設定一種終極原理或終極真理，作為我們生命的所依。人
　　總是覺得宇宙的一切，包括自己的生命存在在內，都是變幻無常的，而且
　　最後會消失掉。因此人總是希望能夠歸附或獲致一種有永恆性格的終極真
　　理（神、上帝也可作終極真理看），由此而讓自己的生命存在有永恆性。
　　這種盼望或渴求，通常都與人的年齡相應，人愈老，這種渴求便愈濃烈。
　　就存有論來說，這終極真理通常有兩種存在方式：存有（Sein, being）與
　　活動（Aktivität, activity）。存有傾向於對象性（Objektivität）方面，例如
　　實體，比較容易理解。活動則難以捉摸，有較強的抽象性，但也有較強的
　　動感。在熊十力的情況，他早期多說攝用歸體，而傾向於存有、實體；後
　　期則多說攝體歸用，則傾向於活動。不管是哪一種矢向，都脫離不了實體
　　主義的立場。就純粹力動現象學來說，純粹力動作為終極真理來說，它是
　　純形式的，沒有體性（substantiality）、質體性（entitativeness），沒有金

純粹經驗，而且從終極真理方面講，他也用場所、絕對無、上帝、「絕對矛盾的自我同一」等字眼來講終極的真理。他在《善之研究》裏面，先提純粹經驗。他的講法是，所謂經驗就是一種活動，可是這種活動超越主客的對立關係，是沒有主客分別的一種經驗，或者是一種活動。主客這種面相，或者說，主客那種二元的關係、對比，是在邏輯上、在理論上，後於純粹經驗的。就是說，作為終極的真理，純粹經驗是最終極的。所謂終極（ultimate），就是說你不能把它還原為更根本的情況。Ultimate就是這個意思。可是它可以發展，純粹經驗或純粹力動是一直在動感狀態中，它一定會發展，這就是分化，一分化，二元對立的關係就會出來。所以我現在想，如果有這樣一種超越意義的活動，我們講終極真理不從存有一邊來講，而從活動這一邊來講。這樣的話，我們可以作這樣的探究：第一，我們可以確定的是，它如果是一種活動，那力量就在它裏面。就是說，如果終極真理

岳霖所說的實在主義的那種硬性；而是一種靈動的活動、力動，是超越的靈動，沒有對礙性的力動。它是一種力、一種原創的、無矢向的純粹動感。它不是實體主義的絕對有（absolutes Sein），不是非實體主義的絕對無（absolutes Nichts），卻是綜合了雙方分別具有的殊勝性：健動性與靈明性，同時也超越了雙方所分別可能發展出來的流弊：滯礙性、常住性與虛脫狀態、虛無主義。它比較接近禪宗的無：無一物、無住、無相、無念、不思善不思惡，它直接下貫在我們的生命存在中而成的睿智的直覺，也接近禪的靈動機巧的無的主體性，但不是表示事物的無自性的真理狀態。它不是消極的、遮撥義的狀態，而是力、先在於存有的力動，存有需以它為根基而得成就，這點最為重要。

是一種活動,那它就有這樣一種力量。它既然有力量,就不需要另外一個源頭,另外一個本體、實體來提供一種作用、一種力量。它自己就有這種力量。所以從這點來看,所謂實體的這些內容如作用、力量,已經包括在純粹力動裏面。那我們就可以在體用論以外建構另外一種型態的形上學。這是以純粹力動這個觀念作為終極原理,以這點為基礎,建構一套新的、不是體用論型態的一種形上學,我把它叫做「純粹力動形上學」或「純粹力動現象學」。這是昨天沒有講的。❸

---

❸　純粹力動有點像柏格森(H. Bergson)所說的 élan vital,強調生命有飛躍性的動感。柏氏在他的《創造性的進化》(*L'évolution créatrice*)一名著中,便提到這個概念。他認為生物不是物理因素的機械性的結合,而是在其中有唯一單純不可分割的內在的衝動(創衝)以飛躍的方式不斷前進、開拓。作為生命的根源的躍進的力量(élan originel de la vie)介於種種有機體之間,這些有機體有一個特性,讓胚種與胚種之間具有一致性、協調性,某一世代的胚種與下一世代的胚種有相傳性、連貫性。各種分途的進化歷程可以保存下來,成為創造新的胚種的深層的原因。在柏氏看來,生命的整體積聚了能量,能夠從事多元化的活動而獲致豐富的成果,而那 élan vital 又能貫串到物質方面去,一氣呵成地予以護持,不讓它壞損。他認為這 élan vital 能夠一方面概括受動的適應性的機械因果觀,另方面又概括能動的適應性的擬人的目的論。(有關 élan vital,這裏曾部分地參考下中邦彥編集《哲學事典》,東京:平凡社,1975,p.168ℓ)按柏格森的這種說法,基本上是關連著生物、有機體來說 élan vital,以一種躍進的力量來說生命的根源,涵蓋性並不足夠,不能指涉到、包容無機的、非生物的事物、存在,或佛教天台宗所講的三千諸法。élan vital 是一個生物學、生命哲學的概念,不是一個嚴格意義的存有論的概念。不過,élan vital 作為不斷飛躍、不斷開拓的生命力,具有很濃烈的動感,在這一點上倒是與純粹力動有對話的空間。

鍾：現在老師認為，純粹力動作為一種活動，跟傳統的形上學不太一樣，是另外一種形上學。那在一般的西方哲學裏面，我們在講存有（Sein），都是跟「生成」（Werden）相對的那一套。主張生成的像赫拉克利特，另外，尼采也講生成，他認為存有、實體只是一種假象而已。這純粹力動作為一種活動，跟生成有沒有甚麼差別呢？

吳：西方哲學講生成這個字眼，有沒有設定有一個東西進行這種生成的活動呢？

鍾：如果照尼采講的話，沒有一個固定的實體在表象後面，表象只有流動性。

純粹力動又有點像西方哲學中的重生力（Entelechie, entelechy）。這是指與僅僅是可能性對比的完全是可行的、可以成立、出現的力量。它是生機體的一種活力，被視為是精神的力量，甚至被視為是精神（Seele）自身。生物學者杜里舒（H. Driesch）反對機械主義的生命觀，提倡生機論（vitalism），即以這重生力作為他的理論的根本概念。這便使重生力成為在生命機體內的一種非物質性的力、精神性的力，具有目的論的意義。（Ibid., p.178ℓ）我在拙著《純粹力動現象學》中也提到這種力，這是萊布尼茲（G.W. von Leibniz）的動感學中說到的力，它有自發性，不必靠外界的刺激便能自己發動出來。萊氏把這種力稱為主動力（aktive Kraft）。這種重生力所涉及的範圍，仍嫌太狹小，普遍性不足。如同柏格森的 élan vital 一樣，只與有生機的生命體有關，不是一個存有論的概念。

吳：這個流動性有沒有經驗的內容呢？就是說，它有沒有某一些成分，是我們的感官、我們的經驗所能知覺、感覺的呢？

鍾：應該是包含感官經驗在裏面。

吳：那就不一樣了。純粹力動不是這個意味。我們說它純粹，是有一點超越的意味。就是說，它沒有經驗的內容，這就是純粹。經驗的內容是怎麼樣產生的，依於純粹力動自己在不停地運作。在它的運作的歷程裏面，這種經驗性的東西就出現了。怎麼出現呢？就是說，這種純粹力動的運作，有一個歷程。就是 Whitehead 所講的歷程這個意思。在這個歷程裏面，它會有所謂分裂、分化的作用，這是 Spaltung 或者是 differentiation。它一分裂、分化，那種二元性就來了，經驗的內容也就來了。這就是唯識宗講的那種運動、「詐現」。這點我們上次就提過了。一切有形象、具體的東西，可以讓我們的感官接觸的那些東西，都是終極真理在它的運作的歷程裏面所詐現出來的。所以，這種作為終極的原理的純粹力動，自己有一種運作的途徑、方式。我用的字眼是，它先凝聚，然後下墮，然後詐現為氣，因為純粹力動是一種超越的活動，它跟具體的事物的關係要有一個媒介、一個中介促成，這就是「氣」。氣是經驗世界裏面最原初的東西。所以純粹力動要先詐現為氣，但氣的概括性很強，可以概括所有經驗性的東西。經驗性的東西怎樣從氣裏面發展出來呢？我就說這個氣要分化，而成像中國古代所講的陰陽這種東西。也就是說，氣分

化有兩個矢向,一是向陽,一是向陰。所以在中國哲學裏面,他們講起陰陽就是用氣來講。陰是濁的,陽是清的。就是說,氣有分化的作用,先分化為或清或濁的陰陽,然後再繼續分化,然後個別的萬物就出來了。所以這裏非要講宇宙論不可。

鍾:氣已經是經驗性的東西了?

吳:對啊。❹

---

❹　氣是一個經驗性格的概念。在我國儒家哲學,特別是朱熹哲學中,氣與理對說,理是超越性格,氣則是經驗性格。但氣雖是經驗的,並不直接地便指涉具體的事物,需要經由分化作用才行。我們可以說,氣是經驗事物的最原初狀態,它是一種渾一的存在,可以稱為材質性格,是物質性的事物的開端。在我的《純粹力動現象學續篇》中,我說到純粹力動的宇宙論的推演,需要經過以下程序或階段:

　　純粹力動凝聚→下墮→詐現為氣→分化成蘊聚→詐現為具體的事物
對於這整個歷程,我在《純粹力動現象學》中作過說明,只是未有列出蘊聚一項。在這裏,我想對這一點作些補充。氣是渾一的,它可分為陰、陽兩個矢向,因而有所謂陰陽二氣:陰氣與陽氣。作為材質性事物的基礎,陰陽二氣仍嫌空泛,不能馬上便能分化詐現出具體的、立體的事物,此中還需要一個中介,我把這中介稱為「蘊聚」。這「蘊聚」是我根據佛教所說的「五蘊」而立的。蘊(skandha)即是蘊藏、聚合之意。我的意思是,陰陽二氣各自分化成多個蘊聚,這些蘊聚有互動關係,相互摩盪,最後詐現出具體的、立體的事物。對於這蘊聚,我想可以以懷德海所提的實際的存在(actual entity)、實際的境遇(actual occasion)來助解。實際的存在之間、實際的境遇之間都有相互攝握(mutual prehension)的關係。這攝握是一種宇宙論的活動,而不是認識論的活動。蘊聚最後詐現為具體的、立體的事物。現實的宇宙便得以成就。

鍾：現在有一個問題。像熊十力要解釋經驗性的差異是怎麼來的，他就推到說連實體都是具有雜多的。像西田幾多郎的純粹經驗，他最後也說這是一種自我矛盾的統一性。有關這種矛盾的解決或者是差異的產生，在老師的書裏面好像是說，純粹力動是一，是純粹的，但經驗性是雜多的。如果經驗性是雜多的，具有差異性的，而純粹力動是純一的，則純粹力動怎麼樣從一個純粹的一，分化出氣，然後再進而詐現出具有差異性的雜多出來呢？這個過程的關鍵是怎麼樣的呢？

吳：你說這個雜多是指一般的眾多不同的那些物體，還是康德所講的 Mannigfaltigen，就是在認識對象形成之前的那些所謂 sense data，所謂「感性與料」呢？

鍾：主要是指世間的萬物。

吳：對對。我們不從康德的思路來瞭解雜多，而是從另外一個面相來講這種雜多，就是講世間上那些種種不同的事物。那我們可

有一點要指出的是，懷德海所說的實際的存在、實際的境遇，再加上所謂事件（event），都是價值概念，與實在相連。即是，他視這些東西為實在的所居處。我在這裏所說的蘊聚則是中性的，沒有估值的意涵。蘊聚只是純粹力動在呈顯它自己的整個歷程中的一個環節而已，但倘若我們視純粹力動的這種呈顯為一價值的活動，則蘊聚作為其中的一個階段，亦可以分有價值的意涵。

以，本來我是從純粹力動講下來的，我們現在即從純粹力動講下來，最後它就會產生現象世界裏面種種不同的事物。但我們現在把方向倒轉，從種種不同的現象講上去，那我們就說，不管你是甚麼東西，只要你是一種現象性的東西，它就是生滅法，這正是用佛教很重要的名相來講，就是生滅法。所謂生滅法就是說，它有生有滅的歷程、階段。它不是永恆不變的，它是緣起的。因緣集合起來，這個東西就成立，這個就是「生」。到構成這個東西，或者是它裏面的組成因素內部如果有變化，或者有一些因素脫離它原先的那個組合，這個東西就會變化成另外一個東西。就是說，有一個 A 這個東西是現象界裏面的一種存在，它是由BCDE 四個因素組成，所謂生滅法就是說，這 BCDE 四個因素聚在一起，這個 A 就形成了。這是「生」，生起了。如果構成A 的四個因素裏面有一些因素脫掉了，這個 A 就不能維持原來的狀態，它會變化。這種情況再嚴重地發展下去，就是說，BCDE 這些因素都脫掉了，這個 A 就不存在了，消失了，就是「滅」。不管是甚麼東西，只要是作為一種經驗性的東西而存在，這些東西都是生滅法。

我們向上再追溯一些生滅法，它有一個共同的性格，就是一種氣的性格，或者是經驗意義的性質，就是說，不管你是甚麼東西，只要你是一種物體、一種現象，所謂事物，它都是有氣所表示的那些內容。我們通常用質體來說它。就是說，它是一種材料性格的東西，它也是生滅法，就是說這個氣啊。不過它還沒有顯現為具體的事物。它是具體事物的一種材質上的根源、源頭。這

個材質性的東西,這種材質性的氣,也是生滅法。所謂生滅法就是說,它會出現,也會消失,這就是生滅法,有生有滅也。具有這種極限性的生滅法,這種氣,是怎麼來的?我們就推溯上去,在它的根源方面發現是一種所謂純粹力動。這個氣還不直接是一種力動,它還是有所謂體性、材質的意味。它是從形而上的一種活動、純粹活動、純粹力動所發展出來的。怎麼發展呢?還是詐現。純粹力動在它發展過程裏面,有兩個階段。第一個階段是詐現為氣,詐現為那些經驗性的東西的共同的根源、共同的來源,這就是氣。然後這個氣再向下分化,結果就形成種種事物,物體、事件就是在那個氣的分化的作用裏面成立了。所以我們可以說,氣是種種不同事物的宇宙論的根源。而純粹力動是氣的本體宇宙論的根源。❺

鍾:那需不需要解釋把氣視為一種材料、材質,它的根源是怎麼樣來的呢?做為材料的氣的根源如果是純粹力動的話,後者詐現為一種氣。這詐現本身就是一種異質化的原理,因為純粹力動是純粹的,這樣便有一個問題,它透過詐現為何就可以產生出異質

---

❺ 本體宇宙論是形而上學中的一種理論形態,它兼有存有論(本體論)與宇宙論的意義在裏頭。一個經驗性的東西、現象,倘若我們向上追溯它的存在的理據、根源,而確認源於純粹力動,由此建立一套理論,這便是存有論或本體論。倘若我們向下審視它的生成與變化,依循甚麼規律而有這樣的生成與變化,便成就一套宇宙論。把兩者合在一起,建構出一套複雜的形而上學理論,便是本體宇宙論。

的材料、物質出來呢？詐現是一種可以把純粹性轉化成材料性的一種原理麼？

吳：這轉化只是一種詐現而已。就是在我們這種瞭解、這種範圍裏面，我們覺得它在外表上好像有這樣一種東西顯現出來。至於事實上有沒有這種東西？這個問題我們就不能處理了。因為當我們說某一種東西存在的時候，我們的意思是說，在我們的認識器官、認識作用裏面，我們可以接觸到那個東西，然後我們說它有存在性。純粹力動不是一個人，它也沒有那些感官啊、知性啊、感覺啊那些功能，它是宇宙的終極原理。

鍾：它是比宇宙更先出現的嗎？它是類似老子說「先天地生」的道麼？

吳：對，你可以這樣講。但這個先主要不是時間上的先。但你說時間上的先也可以。這個先主要是邏輯上、理論上的意味。也就是說，它是氣的成立的一種根據，所以它對氣來講有一種先在性。這種先不光是有實踐的意味，還有成立的依據的意味。還有，說這個氣是宇宙萬物的依據，是因為氣進行那種分化作用就生起宇宙萬物。所以說氣就是宇宙萬物的依據，所以氣對宇宙萬物有先在性。這個先在性就是說，先有氣才能有這些萬事萬物。可是它的重點還不在時間這一邊，而是它是萬物能夠成立的那種根據。所以我們就在這種意義下說，純粹力動對於氣來講，有存

有論的先在性。

鍾：所以力動生氣，氣生天地萬物。

吳：對。可是這個生不是雞生蛋的那種生。你有沒有看過西田的東西呢？

鍾：我有看過大橋良介（Ryosuke Ohashi）編的有關京都學派的概論書：《京都學派的哲學》（*Die Philosophie der Kyoto-Schule : Texte und Einführung*）。然後黃文宏有幾篇翻譯，有看過一點點。我的第二個指導教授 Rolf Elberfeld 也有寫過西田的哲學。

吳：有沒有印出來？

鍾：有啊，德文的，已經出版了。他好像也已經把《善之研究》翻譯成德文了。另外好像還有一本。

吳：你剛剛提到的絕對矛盾的自我同一，這個觀念讓人覺得非常難解。因為這個字眼表面看起來是不能成立的。就是說，絕對矛盾的概念不能成立。通常我們講的矛盾是相對的。矛盾啊，世間種種的事物有矛盾、有障礙。這個是事實，是吧？很明顯，我們說它們有矛盾是從相對的角度來講。絕對的東西不能說矛盾。可是他就是用這個字眼，就是說絕對矛盾，然後又講自我同一。有

關這個概念，如果從純粹力動這一套理論來講的話，可以講的通。從華嚴宗那種「事事無礙」的法界來講的話也講的通。其實他說絕對矛盾，然後又說自我同一，他是說，在那個場所、絕對無、純粹經驗這麼一種背景裏面，那些事物本來是矛盾的，可是如果你提升它的境界，就是把這些事物從現象的層次提升到物自身的層次、本體的層次，這些矛盾就可以消解。就是說，在這種絕對性格的背景，或者是說意識空間啊、精神空間啊，這些矛盾可以消解。消解以後還是有它們的存在性，還是有它們的 identity（同一性），這便是自我同一。在西田的這種思路來講，絕對無、純粹經驗、場所，他用不同字眼都是講同一種東西，就是終極真理。在這種終極真理的大的意識空間裏面，所有的事物都能遊息於其中而沒有障礙。這就是絕對矛盾的自我同一。這可以是一種解讀的方式，當然也包含絕對無的自我限定問題。限定是西田哲學的核心概念，有宇宙論的意涵，辯證意味很濃。這點比較複雜，這裏暫不談它。

如果我們從華嚴宗來講，這絕對矛盾的自我同一要到它的四法界裏面的最後法界才顯現出來。這四法界就是，事法界、理法界、理事無礙法界、事事無礙法界。我們可以這樣瞭解，事法界就是講一般的事物、經驗事物、經驗的世界。在這個經驗的世界裏面，事物都有矛盾。然後從事法界進一步講理法界，理就是這些事物所具有的本性、本質，理就是本質的意思，從華嚴宗來講，就是空的、沒有自性。再向前看就是理事無礙法界，就是說普遍的真理跟特殊的、個別的事物沒有障礙、沒有矛盾。因為每

一事物有理貫串於其中，它們的本性都是空的。如果都是空的，
事物之間就不會構成一種障礙，那就是無礙。最後我們把這個空
理、本質撤銷，讓各種不同的事物存在一起。這些事物本來就有
空的性格做為它們的基礎，便超越我們對它的那種虛妄的認識，
超越我們對它的執著。所以這些事物在我們來看就不再是現象的
那種層次。因為凡是現象的東西，都是執著的東西、虛妄不實的
東西。如果你超越這種虛妄分別，超越這種執著，這些東西對你
來講就不是現象，而是本質、物自身。這物自身就是事事無礙法
界裏面的內容，你可以把物自身關連到事事無礙法界這方面，就
是說，事物都以物自身的姿態呈現。❻

---

❻ 華嚴宗所說的物自身與康德所說的不同。華嚴宗所說的物自身有其積極
的、正面的存在性，這是佛所面對的境界。即是，毗盧遮那大佛
（Vairocana Buddha）在他的海印三昧禪定（sāgara-mudrā-samādhi）之
中，隨順眾生的願欲，示現他所體證得的存在世界，這便是法界
（dharma-dhātu），在這法界中，一切事物都以其本來有的、自在的狀態
呈現。這是事物對佛的自現，不是對眾生的自現。自現（Ereignis）是一
個工夫論的觀念，不是一個存有論的觀念。各種事物在自現之中，都沒有
障礙，因為它們都沒有自性的執著，故能自由自在地遊息於法界之中，互
不相礙。康德所說的物自身（Ding an sich）則是一個限制概念，不是實際
地存在，而只是虛說。即是，我們所有有關事物的知識都限於現象界，在
這個現象界之外的物自身（事物在現象界中為現象，在本體界中為物自
身），我們對它不可能有知識，也不能正面說它的存在性。所以物自身可
說是限制我們的知識的範圍，把它限制在現象界。故物自身是一限制概念
（Grenzbegriff）。對於這物自身，京都哲學家西谷啟治也有所述，他稱
之為「自體」，即是事物自己。西田幾多郎在他的《善之研究》中也有處
理這概念。

　　所以，很多哲學都是相通的。道理是相通的，只是他們用不同的名相、不同的字眼來表示而已。在康德來講，他用物自身這個字眼；在華嚴宗來講，他用事事無礙法界來講；在西田，他就用絕對矛盾的自我同一來講；在純粹力動現象學，就是種種事物都有同一的根源，通過兩層的詐現而顯現出來。那個層次也可以說是真實、真理的層次。講到這裏就比較抽象、比較深，你有沒有這樣的感覺呢？我們看經驗性的東西很簡單，你的那個背包是黑的，就是從我的視覺來講，它讓我感覺到一種黑。你把這杯水放在這個桌上，大力地這樣放，你就會聽到一種聲音。這種聲音就是你的聽覺的對象，很清楚，單靠你的感官就可以確定下來。可是，甚麼是終極真理？甚麼是在這種終極真理的精神空間裏面，萬事萬物能表現種種不同的姿態，而這些姿態又能互相不妨礙，可以一起存在，「萬物並育而不相礙（害），道並行而不相悖」，是吧？《中庸》裏面這句子就是指這個意思。

　　那你說，剛才我這種講法，在海德格裏面有沒有類似的講法？

鍾：關於絕對矛盾的同一嗎？

吳：一樣啦。在西田來講，場所啦、絕對無啦，或者是上帝啦、形而上的綜合力量啦，然後是絕對矛盾的自我同一，都是講同一的東西，就是在終極真理的基礎上存在的那些東西。就是不會有障礙，可以並存，可是它要在終極真理的脈絡下來講。離開這終

極真理，你就會對它有執著、有虛妄分別，這樣你就會產生一種顛倒的見解、不正確的見解。這個顛倒的見解會讓你生起一些顛倒的行為，那你就會感到很痛苦、很煩惱。佛教就是這樣子。在海德格有沒有講啊？

就是說，在海德格的系統裏面，怎麼樣才是絕對真理、終極真理，或者是說，他承不承認有這種終極真理呢？

鍾：他把自己的哲學劃分為三個階段。第一個階段就是探討「意義」；第二個階段是探討「真理」；第三個階段是探討所謂的「場所」。他最後使用的語詞跟西田幾多郎有一點類似，當然是西田比較早提出場所的概念，然後海德格再接著用。❼

吳：場所在西田裏面提了很多啊。你看，有些書在講他的哲學就用這個場所，他的哲學好像就給定位成「場所的哲學」。

鍾：他們好像都受到柏拉圖 chora 的一定的影響。柏拉圖講那個

---

❼　西田比海德格早出二十年左右。但西田在海德格的那個年代，還未受到注意。在我們所見到的海德格的著作中，好像沒有提及西田。但同一觀念的意義內容，可以出現在不同的哲學思想之中。如西田、海德格說場所、西谷啟治說空、華嚴宗說法界、唐力權說場有、郭象說自得之場、莊子說逍遙、禪說無，甚至德國神秘主義（Dentsche Mystik）的艾卡特（Meister Eckhart）、伯美（J. Böhme）說無基底（Ungrund），都是相通的，都是指真理的場域。

chora 的概念，就是一個形上的空間。

吳：胡塞爾也有這樣的講法，就是意識的空間。他對意識有兩種看法，一種是經驗的意識，一種是絕對的意識。經驗意識是現象這一層，絕對意識是真理這個層次，像佛教講的世俗諦跟勝義諦一樣，有兩層。

鍾：那我們一定要強調像場所這樣的東西嗎？像美國那個唐力權也有場所哲學。那為什麼不用時間呢？為什麼一定要用空間性的東西？空間對時間有甚麼一定的優先性嗎？

吳：唐力權是講場有（Field-Being）哲學，有些不同。場有也不能被視為空間義。在空間上有這麼一種意思，在時間上還是有這麼一種意思。就是，像時間跟空間這種形式的概念，在康德哲學來講，並沒有很大的分別，都是作為感性的一種形式，就是感性（sensibility）的形式，感性接受外邊那些雜多，或者是與料（sense data），這些東西就是在時間、空間這種形式條件下，被感性所吸收。所以在康德來講，時間、空間都是感性活動的形式條件。在佛教來講，他就把它看成為一種範疇，很多其它的形而上系統都沒有康德分的那麼仔細。時空都是範疇，就是構成對象的那些先驗綜合的形式義的因素。譬如說實體與屬性這種關係，是在關係範疇裏面講的。然後因果關係也是一種範疇啊，是吧？一多也是一種範疇。所以我想，他們講空間就包括時間在裏

面。你不用再講一遍,說從空間的角度看是怎麼怎麼樣,又說從時間的角度看是怎麼怎麼樣。不需要分開啦,反正時間跟空間都是作為我們認知外物的形式條件,都是我們的感性接受外面那些雜多、那些感性與料的條件。而這種條件也不是經驗性的條件,它完全是形式的意義,不是 empirical(經驗的)條件,而是 formal(形式的)條件。

鍾:我想回到終極真理的問題。老師對話的對象主要是京都哲學,他們提出絕對無,認為絕對無是超越東西方哲學的一種型態。然後老師進一步提出說,純粹力動是一種超越絕對無跟絕對有的終極真理。應該是這樣,但老師好像比較謙虛,說只是一種綜合而已。我覺得應該是超越了它們兩者(絕對有、絕對無)才對,至少在某一種意義下是這樣。那現在比較有疑惑的地方就是說,老子跟莊子到底是絕對有還是絕對無呢?還有海德格到底是絕對有還是絕對無呢?

吳:我們先不要用這絕對有和絕對無,好像是很嚴重的哲學的名相。我們先從實體主義跟非實體主義這一些字眼來看。所謂「實體主義」就是說,有一種思想,他們認為這個世界的根源就是本體或者實體。這本體或者實體有它的體性這種內容,它具有產生能力,它能運作,它能指導事物的運行,種種性格。我們把它說成為一種實體的哲學、實體主義。這種哲學是西方哲學的一種普遍的型態,也包含希伯來基督教所講的上帝在裏面。就是它先肯

定宇宙有一個實體（Substance），然後一切萬物都以這個實體作為基礎而存在。另外一面就是非實體思想或非實體主義，這是另外一種形而上學的思路，就是說宇宙根本沒有所謂實體這種東西。所謂實體，是我們的意識自己構想出來的，是我們意識的一種建構的結果。這種說法也涉及康德以後出現的新學派。

鍾：嗯，新康德學派。

吳：對呀。那裏面有一些人，你可能有些印象，像 Windelband 寫西方哲學史，他就是新康德學派中重要的人物。另外有一個人叫 Vaihinger，他也是屬於新康德學派，可是他的立場已經背離了康德，他把實體看成為一種 fiction，是一種構想，不是真實的了。也就是我們通常說的小說，是想出來的，現實裏沒這種事情，就用 fiction 來說。他不是有一本書 *The Philosophy of As If* 嗎？他反而比較接近非實體主義的立場，甚麼實體啦、自性啦、恆常不變的體性啦，根本是不存在，沒有那種真實性，都是人的意識的虛妄分別，或者是由意識的執著而來。那所謂真理就是說，西方人講西方哲學，或者是實體主義講真理，就是實體主義是真理，他們把真理放在實體裏面來講。另一方面，佛教啦，還有一些其他的思想主張非實體主義，西方也有啊，就是德國神秘主義 Meister Eckhart 跟 J. Böhme，他們就不太講實體，也反對把上帝講成為一種實體，他們喜歡以無（Nichts）來說真理。所以他們的思想就比較接近東方哲學。東方哲學裏面有佛教、有道

家，都是喜歡講無的。我想尼采可能有這種意味，海德格可能也接近這一邊。他們不承認宇宙有一個恆常不變的實體，他們認為在這個世間、世界裏面，並沒有甚麼實體這種東西。他們是否定實體的這種存在性，就是說沒有這種實體。這成為他們瞭解真理的一種模式，你可以說這種說法有一點極端性。因為在西方哲學的主流裏面，實體就是真理。

在東方哲學裏面，沒有實體就是真理。這就是空，這是佛教的講法。道家在這個問題上有點麻煩。他們好像一方面，像老子、莊子講這個道，尤其是老子，他的道有實體的意味，他是比較強調客觀的那個道。在莊子，他雖然是很尊敬老子，可是他的思想的中心、他所注意的焦點好像從客體的道轉到主體的心一方面去。所以老子強調這個道，視之為一種客觀的、實體性的真理。莊子強調心這一方面，就是靈台明覺、靈台心，它像一面鏡子，能照見事物的種種真相。可是在莊子的文本裏面還是有講到道是一種客觀的存在，它有一種運作，創生、形成萬物，然後又引導萬物怎麼怎麼去運作。所以道家在這個問題上，態度比較模糊。不過你也可以這樣講，作為客體的道跟我們的作為主體的心也不是完全沒有溝通的渠道，而是有一種渠道，讓它們互轉。這要看你考量的焦點是放在哪一方面。老子講的道是偏向客體性那方面，可是老子也講體道的工夫啊，「致虛極，守靜篤」，這就是我們體道的一種工夫。莊子在這方面也講了很多，就是怎麼樣去體道，有很多例子。不過基本上就是，你要從心這一方面來實踐、作工夫，去體證這個道。他說人有靈台明覺心，如果你善於

運用,就可以體證這個道。所以在這點,他們好像是兼有兩方面的思想型態。進一步來講,這兩種思想的型態不是對立的,卻是有互轉的關係。就是怎麼樣從客體的道轉到主體的心方面來,和怎麼樣從主體的心通到客體的道那邊。

我想海德格的思想可能跟道家的這點有關係。然後就是,老子跟莊子都表現出一種很強烈的對「自然」的尊敬的態度。他們講自然,其確實意思就是道。他們以自然來解讀這個道。我們眼前所看到的自然的種種現象,都有道存在在裏面。莊子也講得很極端,就是,自然界裏面,事事物物都有這個道的存在性在裏面,他不是說過「道在屎溺」的話嗎?這就是很極端的道的泛在性、遍在性,他有這種講法。而且他也有一種觀點,就是說,我們講這個道,不能離開人的日常生活的脈絡來講。就是說道跟我們的日常生活、自然界的種種事物,都有一種不分離的關係。❽

絕對有、絕對無是京都學派很強調的兩種哲學的立場,或者是哲學的兩種型態,或者是說,對終極真理有這兩種不同的表達

---

❽ 老莊的哲學思想,是一種泛道論的形態。在西方哲學,與之最接近的,自然是荷蘭哲學家斯賓諾薩(B. de Spinoza)。他的哲學的目的,是闡明最高善與人的完全性的關連,他在其名著《倫理學》(*Ethica ordine geometrico demonstrata*)中,以幾何學的論證方法來建立宇宙規模中的人的學問。其中最重要的概念是實體;在他看來,實體是自身存在並由自身所理解,具有永恆性與無限性。這是唯一的實體,亦即是神,由無量數的屬性所形成,這些屬性能生起無限的樣態(modi),這些樣態即發展為作為實體的變相的種種事物。故神內在於萬物之中,神即是自然。這是一種泛神論的哲學。

方式。絕對有是一邊，絕對無是另外一邊。前者以肯定的方式來
表述，後者則以否定的方式來表述。基本上他們認為西方整個哲
學的傳統都是絕對有的路線。只有一些例外，如德國神秘主義的
艾卡特（Meister Eckhart）與伯美（J. Böhme）的無的思想，他
們視這無是絕對無。

鍾：連尼采、海德格都是嗎？

吳：尼采不是說上帝死掉了嗎？上帝就是大實體啊，然後他又建
構自己的超人，可是他沒這個本領。

鍾：尼采跟海德格都反對實體主義啊。

吳：我看可以這樣講。哪一種比較好呢？就是說，你用絕對有來
講終極真理，跟用絕對無來講終極真理，哪一種比較恰當，讓我
們對終極真理可以有正確的瞭解呢？我想，如果一定要提出一個
答案，我可以說，這兩種表達終極真理的方式都有所偏。就是
說，以絕對無來講，太強調那個絕對真理的負面的那一方面、消
極的那一方面。而用絕對有來表示終極真理也是有所偏，偏於它
的正面的作用。像熊十力他不是常常說「生生不息，大用流行」
麼？他所講的那個實體、本體就是「生生不息，大用流行」。這
個講法不錯啦。問題是，譬如說一個人的生活，你如果太強調
「生生不息，大用流行」，這是一種比較陽剛性的生活，就是不

斷生產、不斷發揮作用，那這種陽剛性很強。但你一個人不能每一天、每一秒都要「生生不息，大用流行」，你一定要坐下來思考一下，找一個比較靜的、比較虛靜的環境來想一下，不要那麼陽剛性。想一下就是說，這個宇宙是不是一定要從那麼陽剛性的動感來看，它另外還有別的途徑，就是說，看它的那種偏向靜態方面的面相。我們說美，不是分兩種嗎，一種是陽剛的美，一種是陰柔的美。你對事物的美的姿態，不能只看陽剛的美一面，而不看陰柔的美的一面。你只是講絕對無，就好像是你看事物只是看陰柔的美；只講絕對有，就是只看陽剛的那一面的美。一個人的生活也是一樣，你不能每分每秒都在拼，拼政治啦、拼經濟啦，這樣不行，你會感到疲累，如果你不休息，可能會垮下來。所以你在生活上表現一種積極的精神，拼這個目標也拼那個目標，然後就需要休息，讓自己能夠重新對那種工作作一些反省，看看有哪些地方有改進的空間，就是說，要靜下來讓自己能夠休息一下，然後明天才有精力繼續努力去工作。我覺得講終極真理也是一樣，你要把兩方面都講出來，就是陽剛方面也講，陰柔方面也講。這樣做的話，你對真理就比較有周延的瞭解。這也是純粹力動綜合絕對有與絕對無的意思。

鍾：像海德格對傳統的形上學有一種批判，他自己講的是存有，他會說傳統的形上學就是「存有的遺忘」。老師現在對於絕對無跟絕對有有所批評，那除了說它們是偏之外，有沒有可能用一句話或是一個概念來說絕對有跟絕對無是怎麼樣？例如說它是一個

「力動的遺忘」，當然這只是跟海德格作類比而已。有沒有甚麼概念可以形容，從純粹力動來看絕對有跟絕對無？用一句話來指出它們的缺點？

吳：有啊，缺點很明顯，像我剛才講的，以陽剛來講絕對有，以陰柔來講絕對無。這兩種原理，我想應該是互相包容、互相幫助，就是說，真理不是一種死物，它是有生機的，就是像 Whitehead 所講的機體主義（organism），整個宇宙是一個 organism，一個物件、一椿事件也是一個 organism，這就是他講的機體哲學啊。這個機體，如果你要維持一種平衡，不要偏於太強、太陽剛，也不要萎縮、偏於陰柔，你才能長久。譬如說你拉一條橡皮圈，你拉它的時候就要兼顧它的張力跟彈性。你拉的太緊，它的張力就會很大，結果它就斷掉了，那就不能長久啊。所以用橡皮圈來把事物綁起來，你也要照顧到橡皮圈，就是綁那些事物、那些東西的力量，能力有多少。太緊它會斷掉，太鬆事物就扣不緊。所以我認為我們要能同時看真理的這兩方面，絕對有的那方面、絕對無的那方面。一方面能表現陽剛的性格，另外一方面它也有陰柔的那方面。所以我才提出要綜合這兩種性格：絕對有、絕對無。真理本來就是多面的，不是偏於陽剛，也不是偏於陰柔，而是兩者都具備。可是你也要另外注意，它們的發展要有一個限度，如果你無限量地發展絕對有，那最後就是陷於那種事物常住不變的狀態。如果事物是常住不變的話，那就很糟糕。就是事物永遠都是那樣，沒有變動。你有病，也不要希望能夠把

這個病給治理好。就是你這個病如果有常住性,就沒有辦法把它治好。

鍾:但是照這種理論來說,如果小孩子出生時健康的話,那他永遠不會感冒。

吳:那是從好的地方來講。如果小孩出生的時候就缺了某一種營養,他的體質就比較弱。如果這種弱的體質成為常住的在你身體裏面,那你的一生就很痛苦。譬如你出生,呼吸系統就不健全,如果你不堅持常住,你就可以有這個希望:這個呼吸系統可以改善,請醫生把它處理一下。所以就是有病、有不好的表現,你可以改正、改善。

如果你只是強調絕對無,過了它的那個極點,你就會讓整個世界變得虛空一片,甚麼都沒有,那就形成虛無主義了。真理不應該是這樣。所以如果你能兩邊都照顧,就可以得到一種周延的、健康的真理觀。

第 三 講

（2007 年 8 月 6 日）

鍾：上次講的，我有個小問題，就是您有提到兩層認識論跟兩層存有論。兩層存有論我是有看過了，可是兩層認識論，好像在牟先生的書上有說過，我沒有看過。

吳：有啊，《現象與物自身》、《智的直覺與中國哲學》裏面都有啊。都有討論到這個問題，就是所謂兩層認識論，第一層就是世俗諦的那種認識論，如果用康德的那一套來講，就是我們的認識能力有兩種，一種是感性（Sinnlichkeit），另一種是知性（Verstand）。感性有接受性，專門接受外界的那些感性的與料（sense data）或者是雜多（Mannigfaltigen），在時間與空間這樣的直覺形式中接受。接受以後，因為感性沒有概念思考、概念分別的功能，不能處理它所接受回來的雜多。它就把接受到的東西交給知性，由知性來處理這些資料。知性能提供範疇（Kategorie），範疇有一種作用，就是以系統的思考來整理那些雜多。這雜多還是屬於現象的層面，知性用它的範疇，如因果範

疇、一多範疇、特殊普遍範疇,來處理那些感覺與料,把它們建立為一種對象(Objekt)。對象形成就表示知識的形成。這種知識是一種客觀而有效的知識,因為範疇有它的客觀性,是純粹理性的思考的能力。還有一個問題,在康德哲學裏面也有處理的,就是感性跟知性差得很遠,性格很不相同,你怎麼樣能把感性與知性溝通起來呢?就是要讓感性可以通過一個中介、一個媒介,把這些資料傳交給知性來處理。這中間有一個媒介,它就是所謂的「構想力」(Einbildungskraft)。通過這個構想力的中介作用,知性可以接收感性所傳過來的那些資料,把它們整理成為對象。對象就表示知識的開始。❶這就是第一層的認識論,牟先生的書裏面也講的很清楚啊,後來他在翻譯康德的第一批判,翻譯裏面有很多他自己的案語,都是在談這個問題。第二層認識論的主角不是感性,也不是知性,而是一種「直覺」(Anschauung)。這直覺不是對現象的那種接觸的知覺,而是能夠滲透到現象的核心裏面去認識它的本質,用康德的話來講就是

---

❶ 有關康德的知識論的規模,如以感性接受外界與料,由構想力把它運送至知性,知性以它的範疇對這些與料加以整理、範鑄,使之成為對象,對象即表示知識的開始,的說法,其可接受性並不如牟先生說的那樣高。實際上,在當代西方哲學界,質疑康德的這種說法的人很多,羅素(B. Russell)便不大欣賞康德的這種觀點。邏輯經驗論(logical empiricism)的始創人物舒里克(M. Schlick)更是站在康德的反面。他在其名著《普通認識論》(*Allgemeine Erkenntnislehre*)中便周詳地駁斥康德所特別強調的先驗綜合判斷,認為不能成立,同時也對康的範疇理論及他所提的十二範疇的說法提出嚴刻的批判。

物自身，用胡塞爾的話來講就是 Wesen（本質），就是智的直覺、睿智的直覺。康德用的名相是 intellektuelle Anschauung。所以，這是兩種不同層次的認識論。牟先生、康德有這個意思，唐先生也有這個意思。然後京都學派，像西田幾多郎、西谷啟治他們都是這樣地在看認識論，都是一樣的。我們最初都不知道，以為牟先生提出的睿智的直覺是特別處理、認識康德所說的物自身那方面的東西，好像是牟先生的獨創，其他人還沒有解決這個問題。不是這樣。西田很早就注意到這個問題了。他的成名作《善之研究》裏面有一節，專門談這睿智的直覺的問題，不過他的字眼，怎麼講呢，他還是用知識的那個「知」，不是用智慧的那個「智」。（「知的直觀」）他用這個知，不是嚴格的認識的、認知的知，而是睿智的那個智，是比較高層次的認識，不是把現象做為對象來認識的那種認知層次，而是能貫串、滲透到一般的事物的核心方面去體證、去認知它的那個本質，就是本體方面的內容。

牟先生寫的《智的直覺與中國哲學》，很明顯是主要談這個問題。他用「智的直覺」作為書名的一部份，在這方面的意思就很清楚。這個題目一看就知道了，不過他是在談中國哲學的，就是儒家、道家、佛教，作為主要的哲學或義理，在這種脈絡下講這種睿智的直覺。《現象與物自身》也是，那個講法也差不多啦，不過講的比較深入，概括的範圍也比較廣，而且也很清楚。從這個書名你可以看到，他是把現象與物自身，就是把存在、存有，分開為兩個不同的存有層次，一個層次是現象，一個層次是

物自身。「現象」我們很清楚，就是它有時空性，是經驗的性格，有生有滅，每一個東西刻刻都在改變。「物自身」就不是這種情況，它是我們所瞭解的那種所謂終極真理、終極原理的那一方面的內容。在康德來講，這個觀念還不是發揮得很透徹，因為康德並不認為世界上真的有這麼一種物自身存在，所以他並沒有把物自身看成是在存有論上的一種東西，一種 entity 也好，他沒有這個意思。他只是用這個物自身來表示我們的認識範圍有限制，不能無窮無盡地去認識一切東西。我們的認知只限於現象的領域，現象外面，或者是超越現象的另外一個領域的東西，我們就不能瞭解，這就是康德所講的物自身。所以在康德這一套哲學來講，物自身的存在是不能講的，無從說起，因為當我們說某一個東西是存在的，或者是說到某些事物的存在性，我們有一個基本的共識，或者是基本的假設，就是說，你這個東西，它存在是對我們的認識機能而存在的。譬如說，這杯咖啡，我說它是一種存在，那就表示這杯咖啡在我的視覺、聽覺之內，然後你喝它，這是味覺，咖啡依這些感官機能而存在。離開我的視覺、聽覺、味覺，離開這一些感性的認知機能，這杯咖啡的存在性就不能講。所以在康德的哲學裏面，他可以講屬於現象性格的東西的存在性，不能講物自身的存在性。這個物自身，他說我們沒有一種認識機能去瞭解它，所以我們不能講物自身的存在性。那是不是完全不能講存在性呢？也不是。對上帝可以講物自身的存在性，因為上帝有睿智的直覺來認識它、來體證它，我們人沒有，這是康德的意思。所以你剛剛說兩層認識論，可能你沒有細心去注

意,他的書主要講的就是兩層認識論:現象的認識論與物自身的
認識論。❷

鍾:我的問題是說,對於物自身,還可以說是一種認識嗎?因為

---

❷ 有關康德說我們人類不能認知物自身,上帝才有這種能力,這種能力即是
睿智的直覺(intellektuelle Anschauung)。即是,只有上帝才有睿智的直
覺,我們人類是不能培養出這種直覺的。這主要就他的第一批判亦即是
《純粹理性批判》(*Kritik der reinen Vernunft*)而言。在這本著作中,他
抓得很緊,人類沒有這種認知能力,就是沒有。但他後來的態度便有軟化
的傾向,不那麼堅持人類沒有睿智的直覺。他在第一批判中提到自由意
志、上帝存在和靈魂不滅這幾個觀念時,表示這些問題不能透過純粹理性
來處理,倘若勉予處理,便會出現種種矛盾、背反(Antinomie)。他認
為這些問題要交由實踐理性來處理,他的第二批判亦即是《實踐理性批
判》(*Kritik der praktischen Vernunft*)主要是處理道德的問題。在這本書
中,特別是在與此書在內容上相類似的《道德形上學的基礎》
(*Grundlegung zur Metaphysik der Sitten*)一書中,他已不是很堅持人不能
有睿智的直覺了。到他寫被視為是第四批判的《在只是理性限度下的宗
教》(*Die Religion innerhalb der Grenzen der bloßen Vernunft*)一書時,他
提到耶穌在道成肉身這種方式的示現,表示善的原則的人格化觀念的內在
性,認為耶穌在本質上與我們並無不同,隱含我們最後可以捨棄耶穌,而
直接與上帝溝通。這樣,他把人與神的距離拉近,不再強調只有上帝才有
睿智的直覺,人不能有之的論調了。在康德之後,在他所屬的德國觀念論
的傳統中,費希特(J.G. Fichte)與謝林(F.W.J. von Schelling),特別是
後者,都不再強調人不可能有睿智的直覺,而傾向於認為人可有這種睿智
的直覺。到現象學的胡塞爾(E. Husserl)出,則更不點名批評康德說人
不能有睿智的直覺為不當。
至於在我們東鄰的日本的京都學派,例如西田幾多郎和西谷啟治,都談到
睿智的直覺,表示人可有這種直覺。這已在上面提過了。

一般我們講認識論，是主客對立的。

吳：可以啊，對物自身來說，如果你把這個認識，把它的意義稍微鬆動一下，那麼對某些東西有所知，知的意義比較寬，不只是限於那種相對關係以內的認知。不光是平列、橫列的認識，而是也可以包括上下縱貫的瞭解。我們對於認知，可以從這兩方面來講。我們可以講對現象的認知，也可以講對物自身、本體、天道、天理，這些東西的認知。如果從英文跟德文來講，好像就是一般講起這種認知，就是 knowledge，或者是 Erkenntnis（認識），一般好像都是指那種對現象的認知，就是把認知，把 knowledge，把 Erkenntnis 的意義限制在相對關係裏面的事物的認識，對它們建立一種知識，一般來講都是用「認知」這種名相。我在這裏所講的認知是廣義，當然有「世俗諦的認知」，同時也有「勝義諦的認知」，就是超越感性和知性的那種認知，是睿智的直覺的認知，對事物的物自身、本質、本體進行認識。這應該是不會有甚麼問題的。

像佛教也是一樣。它講這個知，說般若就是從智慧來說的認識能力。它認識事物的本質，就是空，沒有自性，沒有實體，這種認識當然是屬於勝義諦的認識。另一方面，佛教又提出很多不同的名相，例如鞋子、桌子、錄音機，把這些都看成是不同的「假名」（prajñapti），不同的假名相應於不同的事物，把它們看成為一種現象界裏面的東西。這種假名的知識，就是我們通常講的現象的那種認識、世俗諦的那種認識，它也有這種不同層次

的認識，我們不一定要把認識限制在主體認識對象的二元性的關係裏面，進而去對對象建立一種客觀而可靠的認識。我們不一定要把認識限制在這種型態、這種脈絡下面來瞭解。譬如說，我對我的良知有一種感應、體證，然後根據良知給我的啟示、那種 Imperativ（定言令式），覺得有一種道德上的命令，要我作某些某些事情。像這種對良知的瞭解、認知，當然不會是在主客對立的關係下發生的那種認知。那根本沒有主客的分別，你去認識良知的那種心，它本來就是良知自己，這是良知的一種自我的證知、一種體證，這不是主客的關係啊。知也可以有這方面的意味。如果你只是考量西方哲學，那你就很容易把認知限制在主客對分的那種認知之中。西方哲學講認識論，主要講這種認知方式。❸

鍾：一般人對於現象的認識，是比較常有的經驗，那對於物自身的認識到底是怎樣的一種情況呢？也就是說，我們看到的都是現象，在甚麼情況下，我們認識到的是物自身這樣的東西呢？另外，現象跟物自身有沒有可能同時出現，一個對象有沒有可能以

---

❸　對於良知、物自身、本體這些東西的認知，在西方來說，也不是完全沒有，但這被視為一種神秘主義的認知。在這方面，人們通常會提及艾卡特（Meister Eckhart）、伯美（J. Böhme）、聖狄里的威廉（William of St. Thierry）等人。他們被視為可以與上帝相通。所謂神秘主義中的「神秘」，是說與上帝相通的神秘性，是只限於少數的，一般人並沒有這種性格。

兩種身份出現在我們面前？就主體來說，感觸直覺跟睿智的直覺會不會同時呈現，還是它們一定是互相排斥的呢？

吳：這兩個問題都不簡單啊，很有意思。我們先看第一個問題。關於對現象的那種認識，在這種活動裏面，我們的認識的主體基本上是向外觀察，就是把這些要認知的東西都看成為是外在於我的認知主體，所以它的導向是向外的，我想這不需要什麼解釋。對於我們周圍的環境，我們都可以對它們作一種現象性的認識。它們都在我的外面、周圍，所以這個不成問題。主要的問題就是說，關於認識事物的本質、事物的物自身、本體，在這種認識活動裏面，你就不能從向外觀察的這條路徑來進行，因為你所認識的那些對象、那些東西，不是存在在你的生命以外的。基本上，從存有論來講，它存在於你的智慧、你的覺悟（enlightenment）這一方面。像這方面，比如說良知的問題，就是說，我對我的良知有一種感應，譬如說，你在超市裏面看到一個很漂亮的、貴重的手錶，那個時候剛好沒有甚麼工作人員在場，你心裏可能有一種把它偷走的念頭。一般人，不是每一個人，一定有一些人有這種想法，然後進一步會有另外一種聲音對他說，這個東西不是你的，你不能不付任何代價把它拿走。偷東西這種不道德的行為，你不應該作。你會感到心靈裏面有一種約束的力量，有一種規範的作用，這種規範對你有一種指示、一種 instruction，甚麼事情你可以作，甚麼事情你不可以作，或者更進一步說，甚麼事情你應該作，甚麼事情你不應該作，這裏面有一種應該和不應該的意

識，在發揮它的作用。結果你經過一場內心的貪心的意向跟良知發出來的道德的意向的鬥爭、矛盾，最後你覺得還是不能偷，不能不給錢，不能不付出任何代價把它偷走。所以良知發揮了一種道德的效力，然後你自己也體證到良知的存在。回到剛才你提的那個問題，我是說，在這個層次的所認知，或者確認的對象，不是在外面，而是在你心裏面，它不是一種客觀的東西，而是你心裏面的願望、意欲。

　　所以我想，在這裏可以找到區分現象的認知、本質和物自身、本體的認知的線索。譬如說，道、自然，從道家的哲學來講，道就是終極真理，這沒有問題。那我們對道的瞭解，是不是可以把它看成為一般外在的一些經驗的對象來瞭解，還是要有另外一種瞭解的方式呢？我們可以從這點來考量，我們說，道是終極真理，這種終極真理在存有論上有它的普遍性，這就是說，一切存有都有道在裏面，而且是說，道不是存在於某一種特別的、固定的東西裏面，而是存在於所有東西裏面，也包括你自己的生命存在。那就是說，這裏好像沒有內外的分別，就是因為你把道從經驗的層面提到超經驗的、終極的、超越的層次來看，然後你就說，這道有普遍性、有超越性，存在於萬物裏面，存在於自己的生命存在裏面。對於這樣的道，你就不能用二元、主客對立的關係來瞭解。所以在莊子裏面談到怎麼樣才能夠體道。或者是說怎麼樣才能跟道有一種直接的、面對面的那種關係。或者是說莊子在〈天下〉篇講到的「與天地精神相往來」，他就是跟那個天地精神亦即是道相往來，就是要跟它融合為一，這也就是瞭解、

體現、體證這個道，在我們自己的生活裏面體證、擁抱、體現這個天地精神。怎麼樣能這樣做啊？莊子提出兩種方法，一種就是坐忘，一種就是心齋。這坐忘跟心齋的認識道的、終極真理的方式，跟我們一般以一個認識主體的身份去認識一個外在對象完全不一樣。譬如說坐忘，莊子的講法就是說，用我們的直覺的靈台心去進行一種坐忘的工夫。甚麼是坐忘？他有一種很具體的講法，我是有一個印象，可是他那個行為到底是怎麼樣，我們還是要看一看。

鍾：「墮肢體，黜聰明」那一段？

吳：對啊，對啊。你也有印象啊？

鍾：「墮肢體，黜聰明，離形去知，同於大通。」

吳：對對對。他這段話啊，就是靈台心要離開那種形、要去掉那種知。一般認知只有在一種主客對待、主客相對等的二元的關係裏面成立。我們要突破這種二元的關係、這種相對的性格。達到「離形去知」的境界，才能體證道。為什麼一定要這樣做呢？因為這個道有它的絕對性、終極性，它不受要超離的那種形，要去掉的哪種知所限制，你要從要超離的那種形，要去掉的哪種知解放出來，才能體證這種道。你如果只是在形、知這些經驗性的東西裏面轉來轉去，便不能體證這個道。所以說「離形去知」以後

就歸於「大通」，這「大通」就是道。他提的這種工夫就很具體。就是莊子的那種工夫論啊，第一種就是坐忘，就是「墮肢體，黜聰明，離形去知，同於大通」。這就是坐忘。另外一種工夫就是心齋，意思都差不多啦。所以，我們對一般的經驗對象的瞭解，跟對終極真理、超越的、絕對的真理的瞭解，矢向不一樣。一種是向外，一種是向內。向外就是觀察、認知，向內就是反省、反思、反本。道就是本，良知就是本。對於上帝的理解，如果我們用比較寬鬆的一種方式，不要抓得那麼緊，不要依賴那種 dogmatic（教理的、獨斷的）思考的方式來瞭解上帝（基督教的教義裏面說上帝是宇宙的創造者，這是對上帝的一種看法），我們也可以把上帝從另外一個角度來看，就是說，上帝不是在外面，而是在我們心裏面。我們要瞭解上帝，不是像瞭解花草樹木那些東西一樣東找西找，不行的。而是要從內在作工夫，從這方面來瞭解上帝。為什麼可以這樣做呢？因為上帝從客觀來講是無所不在，可是也包括從主體方面來講，上帝也在我們心裏面，上帝不是一個外在的對象。❹

那另外一個問題是甚麼？

鍾：就是感觸直覺跟睿智直覺會不會同時呈現？

---

❹ 上帝有遍在性，這和上面提到的斯賓諾薩的泛神論有密切關連。上帝遍在於萬物，這萬物當然也包含我們的生命存在，因此說上帝在我們的心中，是講得通的。

吳：應該可以。如果根據我自己提出的純粹力動現象學來講的話，這兩種認知應該可以同時成立。我們可以這樣講，就是說，純粹力動作為一種終極的原理，在客體方面，它有它的作用，在主體方面，它也有它的作用。因為純粹力動是超越主客，同時也是包含主客。超越主體跟客體，同時也擁抱主體跟客體。在客體方面，我們說它不光是有存有論的意味，也有一種宇宙論的意味。就是說它通過一連串的宇宙論的推演，可以交代宇宙萬物存在的問題。我們先這樣說，純粹力動從它本來的面貌來講，就是從一種分析的角度來講，因為它是超越的力動，所以它是抽象的、無形無象。可是還有動感，它的存在性就是以動感來講。然後說這個本質，從本質上來看這個純粹力動，它的本質就是動感。既然它的本質就是動感，動就表示它不斷地產生作用，不斷地開拓。如果我們這樣理解純粹力動的話，它就是自己進行種種的作用、種種的活動，這就是它的本質，它的本質就是要表現這種動感。也可以說，它要在不斷的表現它這種動感，就是進行種種不同的活動，來完成、證成它的本質，這句話就很重要。我那本書也常常提海德格講的一句話，就是 Sein west als Erscheinen（存有顯現為現象以實證它的本質）。在這裏，它把這個 wesen 當作動詞來看。Wesen 本來是一個抽象的名詞，就是本質，但他把它作為動詞來用，意思當然就有一種完成、實現、落實它的本質的這種意味啦。這表示海德格在存有論上面有一種很深的洞見，他不是把本質看成是一種靜態的觀念，要把它從萬物那種不停地在變動、不停地在運作中分離開來。他是有一種思想，就是

說，我們不能透過一種觀想來瞭解事物的本質。如果這樣子做的
話，你就把本質看成為一種客體，然後你以主體的身份來瞭解這
個本質，對它有一種觀想，那你就把本質給對象化了。怎麼理解
才對呢？海德格這句話就有一種啟示，就是說，我們要在一種動
感狀態下，通過種種活動來完成這個本質。這也是所謂的本質有
一種行動的轉向，就是本質有一種 activizing turn，就是本質有
一種動感的轉向。從這種意思來瞭解純粹力動，我們就可以這樣
講。❺

　　所以純粹力動作為一種終極真理，它有這個作為存有論的基
礎的意味。現在我們從宇宙論來講，我們可以說，既然對應純粹
力動來講，動感跟本質是分不開，如果我們要體證或者實踐它的
本質，我們就要從動感，或者是活動的那種導向、矢向方面來
講。就是說，純粹力動做為萬物的存有論跟宇宙論的原理，它自
己具有這種動感，以一種動感的姿態存在，所以純粹力動總是在
動感裏，我們不能說有這麼一種靜態的純粹力動，不能這樣講，
因為它是恆常在表現動感的。所謂「靜」不是完全不動的那種

---

❺　現代西方哲學對真理的看法，有一點很不同於傳統的看法。在後者，真理
　　是以一種價值規範（axiological norm）來說，有相當濃厚的靜態意味。現
　　代哲學特別是現象學和詮釋學，有以動感的角度來看真理的傾向，而且是
　　從存有論方面來說。即是，所謂真理便是存有開顯自己，為自己揭蔽，解
　　除種種遮蔽。這種揭蔽或解蔽（《荀子》書中有〈解蔽〉篇，但與存有論
　　無關），是一種活動。存有便是透過揭蔽或解蔽來開顯自己，透過呈顯
　　（Erscheinen）來證成自己的本質，這便是真理。這種做法有很強的動感
　　性。

靜，而是它動的動勢很微弱，我們感覺不到。我們說它靜，它其實還是在動，只是我們的知覺、認識能力有限，以為它在某種情況中不動了，好像靜止下來。其實不是這樣子，它一直在動。這種動感的這樣表現有一個歷程，我們是從宇宙論這方面講下來。就是說，純粹力動有一種凝聚的趨勢、態勢，凝聚，然後就下墮。因為它本來是一種超越的活動，是虛靈的、沒有體性可言。它現在要作一種宇宙論的推演跟轉化，所以要有一種體性的轉向，或者說，它有一種要從抽象的狀態向具體的狀態發展下去的那種趨向。它有這麼一種趨向，所以要先下墮，然後詐現為經驗世界的最原初的階段，那就是「氣」。氣是萬物、物體的根本內容，氣是它們最初的型態。那是最初的詐現。可是你光講氣也不行，氣是涵蓋性很廣很廣的概念，所以力動要從氣去運作、自我分化，在分化裏面詐現萬事萬物。當然還有蘊聚這一階段，這點在上面已闡述過了。這就是純粹力動的宇宙論的運作，或者是宇宙論的推演。在主體方面，純粹力動如果順著它原來的動感、導向來發展，會向垂直的矢向發展，表現為一種主體性意義的智慧，或者是說睿智的直覺，以瞭解萬事萬物的本質，或者是萬事萬物的物自身。

如果從主體方面說，純粹力動是沒有屈折的，它直接下降，成為我們每一個主體的睿智的直覺。可是它也不是只有這種睿智的直覺的作用。我們剛才說，睿智的直覺的對象不是經驗的事物，不是特殊性東西。它是理解普遍的東西的，那就是本質、本體、物自身。這還是不夠。我們平常這種生活環境是一個有時間

性、空間性的經驗世界。我們周圍所碰到的東西，都是個別的物體或者是一些現象。我們既然生活在這種環境，就是以特殊性、個別性、經驗性這些性格為本的萬事萬物的環境，就要對萬事萬物的那種個體性、特殊性、經驗性有一種恰當的瞭解。睿智的直覺基本上不瞭解這一方面。它會透過一種變化、轉化，成為一般認識的主體性，不是以睿智的直覺為主的主體性，而是以知性為主的主體性。它有知性、感性的認知機能，能瞭解萬物的特殊性、個別性、經驗性。我用的字眼是「屈折」，即是，睿智的直覺自我屈折而成知性、感性。它的地位好像是降低了。因為它本來是睿智的直覺，現在要轉出知性，就是從普遍性、超越性的層面轉為瞭解經驗事物的特殊性、個別性的層面，這樣好像精神境界是降低了。其實也不需要有這種想法，睿智的直覺通過自我屈折，來把自己轉為知性、感性，然後以這種感性、知性作為基本的認識機能來瞭解事物的經驗性、特殊性。具體地說，就是在時間和空間這種形式和因果性這些範疇、概念，來瞭解經驗世界、現象世界，這樣就轉出世俗諦的那種認識。就是說，如果它以睿智的直覺這種身份來瞭解萬物，它能瞭解萬物的普遍性、本質、本體、物自身。如果它以知性、感性而存在，它就能瞭解萬物的經驗性、個體性。所以這裏就有兩種認知的層次，一種是世俗諦，一種是勝義諦。這兩者也不是完全沒有關連。兩者之間有一種理解的關係，我們不能把它們完全分離，認為兩者之間沒有任何關係，不能這樣瞭解。而且這樣瞭解也不協調，因為它們都是同源於睿智的直覺，而睿智的直覺是純粹力動在主體方面所表現

出來的那種型態。所以這兩種認識的層次，就在睿智的直覺處有
了交集。這兩種認識可以互轉：世俗諦可以轉為勝義諦，勝義諦
可以轉為世俗諦。它們的根源畢竟是一樣的，是睿智的直覺、純
粹力動。

　　我的意思是，這兩種認識可以互相包容，互補不足。你光是
瞭解事物的普遍性、超越性，並不足夠，你不能夠脫離一些繁瑣
的問題。譬如說，白米跟香蕉都是食物，你肚子餓的時候你要吃
白米，不是吃香蕉。因為白米跟香蕉在很多方面不一樣，它們的
經驗性、特殊性、個別性都不一樣，吃了以後對我們的作用也不
一樣。所以我們在這方面要分開，要有一個正確的區別，甚麼時
候我們要吃白米，甚麼時候我們可以吃香蕉，這樣才行。這區別
便是世俗諦，譬如說你有病要吃藥，對於藥的功能你也要有清楚
的瞭解。這就是世俗諦的事情，你不能不管，你不管它，那你的
病就不能治好了。不能說這種經驗性、個別性、特殊性沒有用，
沒有價值，你不能這樣看，它們都有價值。另外就是說，你要從
不同的經驗對象裏面，找到它們交集的地方，把它們統一起來，
不要讓它們成為一種散亂的、互不相關的隨便堆積起來的東西。
你要有一些超越的、普遍的原理把它們概括起來、統合起來，在
這方面你就要有勝義諦，以這種超越性、普遍性這些方面把事物
給統一起來、統合起來。就是說，佛教講事物都是空的，不管你
指的是甚麼事物，電視機啦、書啦、麵包啦、種種不同的東西都
有不同的性格，都是緣起的，沒有實體，都是空的。這兩諦、兩
種真理的層次應該同時存在、不相互排斥。這種情況在佛教裏面

有談到。我們可以簡單講一下，像唯識宗不是講「轉識成智」
嗎？它就是要從工夫論的角度，把那些染污的東西轉為清淨的。
在心智方面也是一樣，要把染污的心識轉化為清淨的智慧。它提
出八種心識，可以轉為四種智慧，前面那五種，就是感官的那種
心識轉為「成所作智」，第六識轉為「妙觀察智」，第七識末那
識轉為「平等性智」，第八識阿賴耶識轉為「大圓鏡智」。前面
兩種智就是瞭解事物的特殊性、經驗性、個別性，第二種所謂平
等性智瞭解事物的超越性、普遍性，最後大圓鏡智總合了前面成
所作智、妙觀察智跟平等性智，總合了它們的認識能力。經過這
個總合，這種智慧對萬事萬物的瞭解就可以有兩方面，一方面是
作世俗諦的瞭解，另一方面是作勝義諦的瞭解，這兩種瞭解都在
大圓鏡智裏面表現出來。這方面也有義理上的、文獻學的依據，
就是這兩層的認知、兩諦可以同時存在，互補對方的不足，在義
理上、實踐上可以這樣講。

　　這是對你那兩個問題的回應，這兩個問題都很重要。我的回
應比較詳細、比較長。第一個問題與牟先生有關，他很清楚地把
這兩諦的意味、關係，及現象與物自身、感性知性與智的直覺的
關係，清理出來。你有疑惑，可能是你看他的兩本書看的不夠，
那些意思都在那兩本書裏面。所以你要讀通一本書也不容易啦。
其實這種兩諦的講法，差不多每一個重要的哲學系統都會有些處
理，就是現象的事物跟本質的事物，這兩種不同層次的事物的處
理，通常都有提到，有些比較詳細，有些比較簡略。像胡塞爾在
他的現象學裏面，就很清楚，把這兩諦的基礎作了一個很仔細的

區分,他不是講意識嗎,講意向性,是吧?他在這裏面就很清楚
地把意識分為兩種,一種是經驗意識(empirisches
Bewuβtsein),另外一種是絕對意識(absolutes Bewuβtsein)。
以經驗知識、經驗意識為本,可以開出世俗諦的導向;以絕對意
識為本,可以開出勝義諦的導向。然後他講經驗意識跟絕對意識
之間有那種轉化的關係,基本上他是有這個意思的,不過,他的
那種講法是西方型態的講法。我們講到這個問題,還是傳統的東
方式的那種講法。不同的地方在哪裏呢?很清楚,胡塞爾沒有一
套工夫論,他有存有論、認識論,我們這邊不一樣,我們有存有
論、認識論,也有工夫論。其實我想基本的意思都是一樣,都是
相通的,只是他們用的字眼不一樣,還有就是工夫論的問題。對
工夫論的實踐方面,在西方比較淡。他們不是沒有講,而是講的
不周延、不具體,或者說,太抽象。東方這一套工夫論是講的很
具體、很清楚,儒家、道家、佛教都有講,他們相當重視這一方
面的思想。❻

---

❻ 西方哲學有很強的思辯性、理論性,但對心性方面的探討比較弱,沒有很
周詳、深刻的心性論,也少論及工夫實踐的問題。東方哲學的思辯性、理
論性比較淡,印度哲學方面是例外。但東方哲學很重視心性論,對於工夫
實踐更不輕易放過。像康德和胡塞爾兩個大家,在他們的著作中便可以很
明顯地看到這一點。先看康德。在處理道德問題方面,康德認為世間真正
的善是道德的善,而道德是成立於對普遍的格律的尊重之中,後者的本質
是一種應該(sollen)的意識。康德認為,真正的善是指那普遍的格律而
言,格律自身(例如「人不應該說謊」)是善的,因而依格律而行的行為
也是善的,這種行為是道德的行為。這與善的意志、善的意識有密切關

連，後者是道德性的善在主體方面的基礎。康德認為，善的意志中的善之所以是善，不是由於它會帶來任何有利的結果，而是由於意志的意願是遵從道德的格律來行事。人如果能持守這善的意志，不隨感官情欲的腳跟轉，也不受制於個人的利益，便能表現道德的行為。

在道德的問題上最重要之點，是康德強調善的意志、意識的內在性（Immanenz）。對於道德的善的意志、意識，康德以道德的義務的知識來說。他表示人本來便能分別善與惡，知道怎樣去配合道德的義務去行事，強調有關每一個人都有責任去做因而也去知的知識，都是內在於每一個人所能達到的範圍中。他甚至認為，人在與現實的經驗世界接觸之先，已具有道德的意識和責任的知識了。因此，我們要做的，不是教人知道這種道德意識和責任知識，而是幫助他們在行為上顯露這意識、知識。（以上有關康德的觀點，採自他的《實踐理性批判》和《道德形上學的基礎》）

至於胡塞爾，他強調明證性（Evidenz）。他認為哲學要從具有明證性的問題開始，對於那些沒有嚴格的明證性而只順著人云亦云地被提出來的自然的判斷，如「這個世界是存在的」之類，應該先行擱置（Epoché）。那甚麼或哪一些觀念是具有明證性的呢？他提出絕對意識（absolutes Bewuβtsein）。這是超越於經驗意識（empirisches Bewuβtsein）之上的超越的主體性（transzendentale Subjektivität）。對於絕對意識的認證，是超越的主體性的自認自證，在其中，明證性是很明顯的。

不過，作為西方的大哲學家，康德所提的善的意志、善的意識和胡塞爾所說的絕對意識似乎都停留在觀念的層面，他們自身各自有一套理論，但如何能讓觀念、理論落實，在我們的日常生活中表現出來呢？對於這樣的具有實踐性格的問題的認證，康德與胡塞爾似乎都沒有認真注意及。關於這一點，比諸東方哲學，便很不同，後者常常善巧地以譬喻說明如何指點出、體驗有關觀念、理論的生活性格，例如孟子所提出的惻隱之心的無條件的呈現便是一個平實而親切的例子。《孟子》書中以惻隱之心、不忍人之心來說道德主體，表示一個人若能撇除一切利害考慮，順著惻隱之心的方向來行事，便是道德。道德發自應該的意識，它是無條件的，我們不能

鍾：所以老師您是認為在純粹力動的系統底下，睿智的直覺可以「同時」顯示它自己，同時也屈折為知性，還是它們是在「不同的時間」下互轉？

吳：原則上是並列。

鍾：「同時」就對了？

吳：可是一個人，就是說睿智的直覺或者是純粹力動，它表現在我們主體的存在裏面，可以有不同的形式。就是說，你只有一個腦袋、兩隻手，所以面對很多事情，如果你要很專心作的話，那只能在同一個時間、同一個地方專心作一種事情。你不能同時作兩種事情，而兩種事情又作的很好，這是不可能的。就是說，我們的生命有經驗上的一種限制。譬如說我把這個杯子放在這裏，

為了某些條件或目的而表現道德行為。道德行為本身便是目的，是我們的終極關心（ultimate concern）所在。它舉有人見孺子爬向井邊，將要跌落井中為例，這個人二話沒說，馬上趕上前把孺子拉回來，不讓他掉落井中而死亡。這種行為純出自一種惻隱之心、不忍人之心，不忍心看到孺子在不知不覺的狀態掉落井中死掉，他完全沒有想及其他事情，實際上也沒有時間去想。這是由本有的、內在的道德意識顯現為道德行為（救孺子）的明顯例子。這惻隱之心、不忍人之心相應於康德的善的意志，也與胡塞爾的絕對意識在同一層面，都是超越的主體性，特別是道德的主體性。這種意識與行為，很能活生生地展示道德主體的明證性，那是當事人的自明自證，不必假手於任何其他媒介。特別是，這是即時地、馬上可以證知的。

另外一個杯子放在那裏，我要你同時看清楚這兩個杯子的外形，你就做不到啊，因為你也是有限制啊，你只能集中在一個對象上。上帝就可以，祂不但可以同時看到，而且可以看的很清楚。所以兩層認識可以同時具有，可是在特定的環境裏面，你還是有一種主從或者是本末的分別，就是，你不能兩方面都兼顧，做的很周延，你只能集中在一個面相，那另外一個面相你就可能有點疏忽。這不表示你的腦袋有甚麼問題，你沒有問題，問題是你有限制。你這個手拿這個杯以後，你要再拿另外一個杯就不能這樣拿。你要放掉原來的杯才能拿得好，你不能同時把兩個杯子拿得很穩。

鍾：所以現象和物自身不會同時呈現囉，可能會交替呈現嗎？

吳：我想這還是一種原則跟實踐的問題。當你集中你的心力去瞭解物自身、本質、本體，那你對現象性、經驗性、時空性的一些面相的理解，總會有不足的地方，這不是原則的問題啊，不是原則上你能或者不能的問題，而是實際上，人有這種限制，不能兼顧啊，是吧？例如學一種語文，我舉這個例子就很明顯。你在一個時間專心學一種語文，你就會學的很好。可是你在同一時間要兼學三種語文，你的平均成績一定比不上你專心學一種語文的成績。它們把你的心力分開了，你又要學德文、又要學日文、要學英文。學是可以學啦，可是效果一定不會很好，因為你只有一個腦袋、一個頭，你只能專心在一種學習方面，不能同時兼顧三

種、四種學習。

鍾：另外就是，剛剛提到我們對於物自身的方面是比較向內的，譬如說你的良知呈顯的時候。所以基本上對象本身不一定會有甚麼樣的改變，只是我們發現了一種意義，就是一種物自身的意義在外邊。

吳：你說對象在外面？

鍾：就是睿智的直覺呈現的時候，對象到底是如何？我們跟它不是主客對立，它應該沒有對立相，它沒有顏色、形狀之類，那時候它是一個物自身，現實真的有這種情況嗎？就是我們面對的不再是一個現象？

吳：如果你把物自身看成是一種普遍的話，則可以這樣講，每一種東西的物自身都是一樣的。如果你這樣設定的話，每一個事物的物自身都是一樣的話，則這物自身就變成是一種普遍的東西了，跟佛教講的空啊、緣起一樣，都是有它的普遍性。如果你這樣看的話，那你對任何在外面的東西的那種瞭解應該都是一樣的啊。佛教提出平等性智，它為什麼提「平等」這樣的一個字眼呢？因為這是每一個事物的普遍性，就是每一個事物都是空、都沒有自性，所以它們的性格都是平等、沒有差別、沒有優劣，都是空啊！所以如果你從這個意義來瞭解物自身的話，就是對你外

面所有的事物，你要瞭解它們的物自身，可以啊！可是這種物自身是一種普遍性，你把它看成是一種普遍性的東西來瞭解。

你做了這種瞭解之後，若要再細看事物的特殊性，它的外形怎麼樣，效能或作用怎麼樣等等，你就要以世俗諦那條路線來瞭解，不能以睿智的直覺來瞭解。這時候睿智的直覺就有一種變化，或者是說屈折，或者如牟先生所說的坎陷，你要通過這種轉化，把它當成為一種對象在現象的層面來看。我不大喜歡坎陷，這個字眼太負面了。你說良知或者是睿智的直覺坎陷而成為知性，那我們通常是說一個人犯了罪、坎陷啊，作了不合法的事情，一個人陷落到整天只是跟女人鬼混、飲酒的這種層次的生活裏面，如果這樣用這個陷，或者坎陷的字眼的話，那對知性就不是很恰當，因為坎陷是太負面了。可是牟先生的意思還是在裏面，他不是有甚麼「曲通」、「直通」的說法嗎？直通就是沒有曲折，當下直接瞭解這個事物的本質、本性。曲通就不一樣，就是要在路徑上經過一些曲折，轉化為另外一種機能，才能瞭解對象的那種經驗性格、它們的特別性、個別性。所以這個字眼的運用也很重要，你用不恰當的字眼會讓人起一種印象，以為知性是不好的一種活動、能力。坎陷這種字眼，我覺得會影響一個人對知性的估價。如果以坎陷來瞭解知性的話，知性的那個地位就降得很低。但如果用屈折來瞭解它，也是會降低，可是沒有降得這麼低。通常我們說陷，坐牢才是陷，就是一種很不好的意思，才用這個陷。陷於死亡啦、陷於甚麼甚麼罪啦。屈折就比較 neutral，是一種中性的意味。另外，說屈折還是有它的必要性，

就是說，你開一部車，從山底到山頂，那當然最理想的走法就是走一條直線，可是實際上你做不到，你要做環繞，你每走一圈，你達到的水平線就比較高。你要不斷地繞，才能到山頂，這就是屈折啊。這是正面的、有效的意味啦。所以屈折，我想基本上它是一種方法論的名相，不是價值論的名相。就是因為你要達到某一個目的，你要採取一種稍微對自己委屈的做法，你的那個目的完成後，這種委屈就自動消解。所以這是暫時性的、方便的、佛教講的方便法門。

第 四 講

（2007 年 8 月 16 日）

吳：熊十力那套東西是我思想的開端，如果沒有開端就摸不到那個脈絡，因為我是從他的問題作為思考的脈絡，所以對他那套東西要有交代。

鍾：這次我所構想的問題都是集中在「無執的存有論」中，還有「物自身」那方面的。牟宗三先生的「現象與物自身區分」對老師而言是很重要的區分，在他自己的體系中也是很重要的區分。那老師對牟先生的一些重要觀點評價如何？例如牟先生有提出「無限心」的概念，力動和無限心有哪些差異呢？

吳：要回答這個問題要回到三十八年以前。那個時候還在念研究院，所以常常聽牟先生的課。那時他已經提到了現象和物自身的問題，也提到「智的直覺」這個問題。但他是環繞康德的《第一批判》來講的，說這種睿智的直覺只限於上帝，我們人類是不能有的。然後他就說康德的這種講法有問題。他認為儒家、佛教和

道家這東方三家都有西方睿智的直覺的這種名相，他們都提出不同的一些語詞、term。他覺得這些 term，例如佛教講的般若智、莊子講的靈台心，便類似康德所講的智的直覺，他覺得東方哲學有講智的直覺，只是以不同的字眼提出來。般若智、玄智、儒家講的良知、無限心，在內容上來講，和智的直覺沒有甚麼差別。只是康德認為像這種智的直覺的認識能力，人沒有，只有上帝才有，牟先生不同意這種講法。他說這三家都強調這種認識能力是人本來就有的，是不是能顯現出來？這就要靠實踐方面的工夫。所以他和康德在這個問題上的不同地方就是說：睿智的直覺，就東方哲學來看，是內在於人的生命裏面。所以在存有論上，他說這種睿智的直覺人是有的，康德則認為是沒有，主要分別就在這方面。再來就是我剛才講的，你有這種認識能力、認識絕對真理的能力，能不能彰顯出來，就要看工夫方面作的怎麼樣，所以他就提出自己的一套觀點，主要表現在《現象與物自身》與《智的直覺與中國哲學》二書中。然後他把考量的焦點放在物自身這一方面，就是 Ding an sich（物自身），就是跟現象（Phänomen）相對反的。他認為在東方哲學來看，人當然可以瞭解現象，同時也有瞭解物自身的可能性，人有這種潛能。❶所以如果一個人在慧解（智慧的了解）、在工夫方面作的好，他就可以同時瞭解現象和物自身。康德不會贊同這種看法，他說人不管怎樣努力，都

---

❶　這裏所謂東方哲學，主要指印度教、六派哲學、佛教、禪、儒家、道家與京都哲學。

不能有這種認識物自身的能力,這是上帝才有的。

　　牟先生就順著這種思路,即現象與物自身相對反的概念,來講存有論和認識論。從存有論來講,那就是世間的存有,我們可以講物自身這方面,也可以講現象這方面。現象之所以可能,就是因為有物自身內藏在裏面。這種物自身有點胡賽爾講的「本質」(Wesen)的意味。然後就是說,現象是一層存有,物自身是另外一層存有。所以在這方面他就提出兩層存有論。這在康德那個系統來講是不行的,因為康德並沒有把物自身考量為一種有實在性的存有。起碼對於我們人類來講,物自身沒有實在的意味。所以他對物自身只是以一種負面的語詞來講,說物自身是一種界限的概念,主要是限制我們人類知識所可能開展的範圍。就是說在現象的範圍內,我們可以用人類的認識能力去瞭解、去認識,出了這個範圍,就是物自身的範圍,康德說我們對它一無所知。對於物自身的瞭解只能算是一種虛的瞭解,只有那個名相,而沒有和物自身相應的那種理解方式。物自身也不是指實在的東西。

　　可是這在東方哲學就不一樣。在存有論上面,分解地說,物自身和現象都是可以割離的,它們是屬於不同層次的存在。你可以說現象就是生滅性的東西,它有它的經驗性、空間性、時間性。物自身就不是這樣,它有它的超越性、無限性。這是兩種性格不同的存在。然後牟先生再從存有論繼續作一種認識論的探討及轉向。他說,對於現象與物自身,我們可以分別建立認識論,就是「關於現象的認識論」和「關於物自身的認識論」。關於現

象的認識論涉及我們一般所瞭解的、所能掌握的知識,我們對現象世界種種事物可以構成客觀而有效的知識。而對物自身或者是本體的本性、本質,我們也可以對它加以認識,可以建立一套認識論。所以在他的系統裏面就有兩層存有論及兩層認識論。

　　這種思路,我們是不是可以說是牟先生的原創的思想呢?它們是由牟先生自己提出來的,抑是它有在思想上、概念上的根源呢?我認為牟先生提的兩層存有論及兩層認識論,在中國哲學中就有它的根源。最明顯的就是佛教。佛教當然也不限於中國佛教,當然在印度也有發展。它的根源,我覺得就是在佛教中所講的二諦論,就是兩層真理:「世俗諦」跟「勝義諦」(或者是「第一義諦」)。世俗諦相應於我們剛才所講的對現象的知識,有關現象的真理。第一義諦或勝義諦就是對於本體、本性的知識,對這些東西建立另外一種認識論的系統。在存有論方面也是一樣,現象就是世俗的存有,物自身、本體、本質則相應於勝義諦或第一義諦的存有。這樣的觀點看來很好,好像挺不錯的。也就是從存有論、認識論兩方面,這種分法都有周延性,能夠兼顧我們對現象的認識以及對物自身、本質的認識,也建立現象的存有性,及本質及物自身的存有性。牟先生所講的大概是這個意思。當年我上他的課的時候,他就是這樣講,我就是這樣聽。過了幾年他出版了兩本書,就是《現象與物自身》、《智的直覺與中國哲學》。這兩本書講的問題主要就是我剛才講的那一套東西,沒有超過我在課堂上聽他講的那些內容,所以我有點失望。我是有這種想法,牟先生的東西是在課堂上講的,可是他寫的那兩本書是

很認真、很嚴肅的有關他在存有論跟認識論的觀點。我以為在他
這兩本書裏面，可以發現更充實、更豐富的內容，而且有更精彩
的發揮，就是應該有超過他在課堂裏面講的那些東西。可是並沒
有，所以我感到有點失望。這種失望基本上就是有兩點、兩方面
我都不是感到很滿足。我不是不同意他的講法，而是我覺得他可
以再進一步講，把存有論跟認識論發揮的更深入、更廣遠。❷

　　第一點是，他不是有意識、有自覺性地去建構一套存有論跟
認識論的哲學的系統。他基本上是借題發揮，藉著對康德的研
究，跟佛教、儒家、道家這方面的演講來做一個引子、一個開
端，來講他的那種兩層的存有論跟兩層的認識論。我認為他這樣

---

❷ 這裏以兩層存有論與兩層認識論來指涉儒、道、佛三家的義理，是一種比
　較籠統的、概略的說法，是不夠精確的（imprecise）說法。倘若要做得精
　確些，則可以說，在儒家，在兩層存有論方面，相應於現象的，是一般所
　說的百姓日用之事，以至《中庸》講的「萬物並育而不相害」中的「萬
　物」。相應於物自身的，則是孔子的仁，孟子的性善、「盡心知性知天」
　中的心、性、天，宋明儒學講的本心、天理、天道、天命、良知、誠體
　（周濂溪）之屬。在兩層認識論方面，相應於現象的真理的，是宋明儒學
　講的見聞之知。相應物自身的真理的，則是德性之知。在道家，在兩層存
　有論方面，相應於現象的，是《老子》書中所說的「天地不仁，以萬物為
　芻狗」中的「萬物」。相應於物自身的，則有老子講的道，莊子講的天地
　精神。在兩層認識論方面，相應於現象的真理的，是莊子講的「道有情有
　信，無為無形」中的「為」、「形」。相應於物自身的真理的，是莊子講
　的天地之德、天和。在佛教，情況非常明顯，在兩層存有論上，相應於現
　象的，是色、聲、香、味、觸。相應於物自身的，是空、緣起、真如。在
　兩層認識論方面，相應於現象的真理的，是世俗諦的知、假名的知。相應
　於物自身的真理的，是般若智的知。

說，不是有錯誤，而是應該做的更好，更有一種獨立性，不是老是環繞著康德跟儒道佛這些具體的哲學來講這個存有論跟認識論。就是把努力的、思考的焦點，從康德、儒道佛這些哲學系統中移開，自己來建構一套兩層的存有論、兩層的認識論。他在這兩本書裏都沒有這樣做。所以我說他這套學問，是關於現象與物自身、智的直覺這些重要的觀念、思想的借題發揮，是藉著講康德哲學、儒道佛哲學，在這種探討裏面提出自己的一些想法。

另外一點是，在兩層的存有論跟兩層的認識論中，存有論跟認識論的關係應該是很密切的。你可以分開來講，可是分開以後要怎麼結合起來，就是存有論和認識論有些甚麼樣的關係、關連。在這一點上他好像也沒有很仔細地去整理。這點在佛教來說就有點不一樣了。佛教一方面講二諦，另外，發展到天台宗，講三諦。在龍樹，在般若思想裏面，基本上就是以二諦為骨幹，發展到智者大師的天台學，他就從二諦進一步來建立第三諦，所以關於真理他是講三諦的。第一諦就是世俗諦，第二諦就是勝義諦，第三諦就是兩者的綜合。如果從認識論來講，就顯得更加好講。從認識論的角度來講，世俗諦就是我們對世俗的東西、種種事物、種種現象的認識所建立的知識體系。這些現象、事物的概念就是所謂的特殊性。一切東西都有它們的不同形狀，跟其他東西不一樣，所以我們可以在這裏講「特殊性」。勝義諦就是講本質方面的那些內容，或者是本體，這本體是寬鬆的意思，不是死煞意味的實體、自性。然後第一義諦（勝義諦）的思考跟認識，它的核心的觀點是「普遍性」，這在佛教來講就可以看的很清

楚,像空、真如都是有這種普遍性的觀念,也可以說就是有普遍性的被認識的對象。然後,我們一方面能夠認識世俗諦,瞭解事物的特殊性,另一方面又能瞭解第一義諦,這是指種種不同的事物所內含的普遍性,它們在這方面沒有差別、沒有不同,不同的就在特殊性方面來講。如果是這樣子,如果你只是講到這裏,我覺得還是不夠的。你這樣就是把存有的世界隔開為兩個領域,一個是現象,一個是本質、物自身了。在認識論裏面,也是一樣,把我們所瞭解的對象分開為兩個領域,一個是屬於特殊性的領域,一個是屬於普遍性的領域。這兩個領域是否能夠溝通起來呢?它們之間有些甚麼辯證性格、互動的關連呢?我想我們還是要從這方面考量,所以就發展出天台的那種三諦的觀點。它是把世俗諦講為「假」諦(假名的真理),把第一義諦講為「空」的真理,然後把空、假結合起來,發展出「中道」的真理。所以到了中道的中諦,三諦不是有假諦、空諦、中諦嗎?中諦就是對空諦跟假諦的結合與超越,一方面是綜合兩方面的性格,另一方面也有超越這種假諦跟空諦可能有的偏差,所以發展出三諦這個理論出來。❸當然就存有論可以講三諦,就認識論一樣可以講三

---

❸ 天台智顗講三諦,其中的空諦、假諦與原來的印度佛教如般若思想、中觀學大體上沒有兩樣,但他又以佛性來講中道,或中諦,這便很不同。他把佛性與中道等同起來,而成「中道佛性」或「佛性中道」一觀念,便展示出作為心的佛性與作為理的中道的合一,亦即是心理為一的思想,是一種有創意的思想,可以通到宋明儒學的心即理、良知即天理的說法方面去。這中道佛性觀念在《涅槃經》中也可以看到,智顗後期以《涅槃經》與

諦。起碼在佛教哲學是這樣。所以在這方面，我覺得牟先生也沒有很清楚、詳細、周延地處理這個問題。他做的工作還是不夠，還是有繼續拓展的空間。我們要瞭解他的整套的哲學架構，還要看一下他有甚麼限制？哪一方面的限制？然後繼續探討，就是說牟先生在哲學上的那種限制，怎麼樣給它一個恰當的解決。我們一方面要照著他的方法來瞭解，可是這個不夠，我們要解釋他的講法的不足的地方，繼續深入、開拓，讓有關存有與認識的哲學可以發展成為一種更完美、更周延的哲學系統。

我們談到一些既有的哲學研究的成果，一方面要照著他們所講的來瞭解，也可以說照著說；另外，在他們的極限或者是不足的地方，我們要努力去開拓，把哲學思想發展的更完美、更周延，就不能單是「照著說」，而是要「接著說」了。我一直在做的工作就是這樣子，把他們那些人的學問好好地瞭解，然後好好地考量一下他們那種學問是不是已經十全十美，達到一種完善、理想的層次，還是有不足的地方、有他們的限制。

所以我認為，我們要做的是一方面瞭解他們的學問，一方面

《法華經》作為他要發展自己的思想的經典上的依據，他可能看到《涅槃經》有關中道佛性的說法。但《涅槃經》對這個觀念只是提一下，沒有進一步加以發揮。智顗則很重視這個觀念，而且予以充量的發揮，他是把中道佛性與佛性觀念等量齊觀地發揮的。這種發揮在他自己講演而由弟子灌頂記錄的天台三大部（《法華文句》、《法華玄義》、《摩訶止觀》）特別是他晚年注釋《維摩經》而親自撰寫的《維摩經疏》（《維摩經玄疏》、《維摩經義疏》、《維摩經文疏》、《四教義》）的很多地方可以看到。

反省一下他們的那套學問有沒有不足的地方,如果有的話,要怎樣去解決不足的問題,向前繼續發展,這就是「接著說」的那個問題。照著說跟接著說的區分本來是馮友蘭提出來的。馮友蘭對中國哲學的瞭解,很多方面都有問題。❹可是他提出這兩種做學問的途徑,是蠻有意思的,就是可以提醒我們,我們所做的那些工作是不是只是照著說,而沒有創新那方面的表現,提醒我們在照著說之餘,還要繼續進行補足前賢研究的不足的地方,以及接著他們的成果發展下去,這是對你剛才提的問題的回應。

後來牟先生繼續出版他的書,我想大致上沒有超過他的《現象與物自身》跟《智的直覺與中國哲學》的範圍。這兩本書的那種界線,基本上沒有超過,最後他講的《圓善論》,主要是在中國哲學的儒家裏面舉一些具體的例子,來詮釋他所謂的圓教思想。基本上就是這樣子。

---

❹　馮友蘭寫中國哲學史,共有三個版本:解放前是一個,解放後至文革之間又有一個,改革開放以來又一個,不知應以哪一個為準。他自己也不能堅持自己的信念,不忠於自己的為學與做人的原則,只是隨著政治的節奏起舞。嚴格地來說,馮友蘭的所謂「新理學」是(新)實在主義的立場,與張申府、金岳霖、張岱年是同一論調。他們成立清華學派,要發揚這種思想。其實這種思想在西方早已有人提出來了,那就是摩爾(G. E. Moore)和羅素。馮氏的所謂《貞元六書》,特別是《新理學》,便是在這種思想背景下寫成的。馮氏的這套思想淺近易明,但看不出深度、洞見,比之於持相對反的立場亦即觀念論立場的熊十力的思想,差得遠了,後者雄奇沉厚,處處展示出形上洞見。

鍾：剛才老師提到純粹力動跟無限心的差別。如果我們用「絕對有」和「絕對無」來理解的話，無限心好像也包含了絕對有和絕對無這兩個方面。那力動對於無限心的超越之點到底是在哪裏呢？

吳：我們先這樣講，所謂無限心，可以是一個應用範圍很廣的觀念，可以在儒家裏面講，可以在佛教裏面講，也可以在道家裏面講，也可以在京都哲學裏面講，或者是在 Husserl、Heidegger、Whitehead 的那些系統裏面講。不過基本上是在儒學的脈絡裏面提出來的，尤其是牟先生所瞭解的、跟他自己所發揮的那種儒學，就是有這麼一種共識。我現在把無限心從牟先生的系統裏面解放出來，然後以這個觀念作為一個起點，來講存有論、認識論，還有工夫論。這種無限心，如果是限制在儒家的脈絡下講的話，就是一種實體形態的心靈，因為他講這個心是實體意味的心，由這個心的無限擴張、開拓，到了絕對的層次，那就是天命啦、天道啦、天理啊這些客觀方面、客體方面的觀念。可是不管你是講天道、天理、天命，這個天還是實體的意味。無限心從主體開拓到客體方面，這個哲學的立場還是屬於「實體主義」的立場。這種思想在儒家裏面很早就有發展，到了王陽明就好像已經達到了成熟的階段。他提出的良知其實就是心的意味，他有這種無限心，所以良知雖然從主體來講，可是它也涵蓋客體方面。良知也可以成為無限心，一直到天理。王陽明就把主體和客體結合起來，而提出良知即天理這個命題。陽明的這種講法可以說是儒

家講的那種存有論跟工夫論一直下來，到了陽明講的良知就是天理，到了一種高峰。可是良知還是一種實體、一種直覺、一種心靈。這種無限心，不必能窮盡一切的心靈，或者是說，不能窮盡一切的主體性，尤其是當我們從實體主義的脈絡解放出來，再看哲學立場的另外一面，就是「非實體主義」一面，那是另外一個天地。你可以說，實體主義就是所謂的絕對有，無限心就是絕對有的一種表達的方式，強調主體方面的表達方式，然後那個天理、天道也是一種絕對有，是強調客體方面。不管你講主體或者客體，都是實體，實體是不是宇宙裏面唯一的一種終極的原理呢？或者說，在這種絕對有以外，我們是不是可以提出跟它不同的思維導向的一些方面作為終極的真理，把它建立起來呢？這個問題的答案也很明顯，如果你從京都哲學的角度來看。當然我們表達終極的真理，可以用絕對有來表達。但另外他們也提出，真理可以通過一種否定、負面的方式來講，那就是他們講的絕對無。一個是 absolutes Sein（絕對有），另外一個就是 absolutes Nichts（絕對無）。

我們講的這個終極真理，無論是從存有論、認識論、工夫論來講，都可以從實體主義的絕對有，轉到另外一種道路，那就是非實體主義立場的絕對無。而且，這一條思想的導向，在古代、現代，都有實際的一些哲學學派提出來，以這個觀念為基礎建構一套哲學。從古代來講，東方哲學有兩個流向，就是發展的那種矢向，一條就是實體主義，講絕對有；另外一條就是非實體主義，講絕對無。這個例子很容易舉啦。我的意思是在著作裏面常

常被提到，在哲學史裏面出現的哪些系統是屬於絕對有、實體主義的立場；哪一些系統是屬於絕對無、非實體主義的立場。我可以講一些比較有代表性的，譬如說基督教就是屬於絕對有的系統，儒家也是；婆羅門教也是，它講的那個 Brahman（梵），就是一個大實體。然後就是東方哲學裏面，佛教、禪、老莊，西方就是德國神秘主義，他們那種哲學都可以歸到絕對無、非實體主義的導向或立場。這樣就是將真理以不同的方式來表達，一種是絕對有，一種是絕對無。這裏可以提一個問題，就是哪一種提法比較好？絕對無跟絕對有雖然是絕對，可是「有」跟「無」的那種矢向畢竟是不同，哪一方面的講法可以更周延、更全面地反映終極真理的真相呢？我認為兩種都不是最周延、最完美的。你要把這兩種對於終極真理的不同的表達方式綜合起來，這種綜合才是對於絕對真理，或者終極原理的最周延的表述。那就是我提的純粹力動。無限心那個問題我想……

鍾：它不是也包含了佛教跟道家，這兩家也是有無限意涵的觀念？

吳：對啊，佛教跟道家都是很強調這種名相。儒家是比較正面強調它，所謂無限心，就是說心有無限性這方面，最突顯它的就是儒家，特別是當代新儒家，更特別是牟先生的那套存有論或者是形上學。可是，我覺得這個無限心也不是一個涵蓋性很廣很廣的觀念。實體主義可以講出一套無限心的思想，非實體主義也可以

提出一套無限心的思想。佛教講的般若智，你能說它不是無限心嗎？般若智啊，它是無所不思、無所不包，這樣的智慧就有無限的意義在裏面，所以不一定限於儒家、陽明啊他們講的良知那種講法。

絕對無可以從客體方面講，也可以從主體方面講。如果從主體方面講絕對無，那就是無限心。所以無限心不足以區分一個系統的立場是甚麼。你講實體主義、非實體主義，而且是絕對有、絕對無，才是區分一個系統的形態和它的思維方式。

鍾：因為我在無限心裏面看到一個跟力動類似的內容，就是說它可以超越絕對有和絕對無的對立，就是它包含儒家的絕對有，跟佛教和道家的絕對無。我看到它好像和力動有相似之處。有時候我們看老子的道也是一樣，雖然我們說它是偏向於絕對無，可是道也是有兩個面向，一個有的面向、一個無的面向。它雖然是絕對無的哲學，但還是可以包含以絕對無作為基礎而成立的絕對有的哲學。

我在老子的道和牟先生的無限心裏面，看到類似力動一樣，好像有綜合絕對有和絕對無的可能性。所以我剛才也會進一步想問老師說，力動和無限心的差異點究竟在哪裏？

吳：我想，在東西方那些比較重要的哲學裏面，道家有一特別之點。就是說，我們很難給它定位，也就是用實體主義、非實體主義、絕對有、絕對無、無限心、有限心這些觀念，好像也很難確

定道家的位置，或為它定位。定位就是說，這是屬於哪一種的哲學，它的基本立場是屬於哪一方面呢？在老子跟莊子裏面，好像兩方面都有涉及，也有講絕對無的地方，也有講絕對有的地方。不過我們可以概括性地這樣講，老子好像比較重視客觀的道，他講自然，就是道的意味。即使是整個自然世界、整個宇宙，在他心目中就是道。在這方面，他的那種道的客體性比較強。可是，在莊子，他也講道，也非常重視我們要去體證道的那些途徑。而且，我們以生命裏面哪一些東西來體證道呢？在這方面莊子就提出比較明確的一些講法。就是說，他提出坐忘、心齋，這些都是莊子提出來體證這個道的方法。誰去坐忘、誰去進行心齋這種工夫呢？莊子有自己的那個觀念，就是靈台明覺，「靈台」也出現在莊子文本裏面。道家到了莊子，就把重點從形而上方面的道轉移到我們的「心」上面來。❺所以，如果一定要替道家定位，而且又以老子跟莊子為代表的話，那我想，只能這樣講，它同時具有絕對無跟絕對有這兩個方面，絕對有就是那個道，絕對無就相當於靈台心。進一步說，道家哲學的特點在於，絕對有跟絕對無可以互轉，實體主義跟非實體主義也可以互轉。因為你講這個互轉，是表示兩個矢向互轉，涵蓋兩個矢向總比只涵蓋一個矢向要完美、要周延。我想，我們只能這樣替道家在哲學立場上定位，

---

❺ 在道家中有一個思想史的問題，就是老子和莊子誰先誰後的問題。我在這裏採取傳統以來一向的說法，以老子在先，莊子在後。我不想涉入這個思想史的問題。

不能夠抓得太緊，不能說它不是絕對有、不是絕對無，也不能說它是絕對有、是絕對無。這樣好像是把道家思想給抓住，不讓它發展。也不能說絕對有跟絕對無是完全不同的東西，更不能說絕對有是一種真理，絕對無是另外一種真理，兩種真理都有終極性。不能這樣講。我們只能說，如果你是從負面或虛面來看終極真理，我們就用絕對無的方式來講；如果你是從正面或實面的方式來看終極真理，那我們就說絕對有。其實，兩者都是講同一東西，可是是以不同的表達方式來講。並不是說宇宙之間有一種絕對有的真理，有一種絕對無的真理，有兩種終極的真理，不是這樣的意思。而且你說宇宙有兩種終極真理，在邏輯上本來就是矛盾的。既然是終極，怎麼能講兩種呢？有數目意義的一種也不能提，就是作為事物看的真理也不能提，只能講終極真理或者絕對真理。把這兩種對真理的不同表達方式綜合起來，那你就講另外一個觀念，它能夠把這方面綜合起來，那便是「純粹力動」。這是對真理的詮釋學的轉向。

鍾：那老師為何會選「力動」這個詞，力動在名相上好像比較偏向「有」的那一方面，「力」是一種「有」麼？

吳：很難講，如果你以能量來說力，能量就是一種有。不管你是講甚麼能量，它總是一種生滅法，而且愛因斯坦提出質（material）跟能（energy）可以互轉，那就表示能跟質基本上都是屬於同一個層次的東西。如果以哲學來講，能量跟物質都是現

象、都是經驗性的。所以你可以在這種脈絡下講，能量或力好像偏向「有」這方面。因為它跟質可以相通，質就是物質，愛因斯坦講的質也就是物體、物質的意思。既然可以互轉，就是同一個層次的東西，就佛教來講，它們都是生滅法。既然是生滅法，那就跟終極真理沒有直接的關連，終極真理是不能講生滅的。

然後是力動。我最初提這力動，跟這能量沒有關係。譬如說，水電機利用水的潛能，就是把能、力量釋放出來，就是水力發電。又如一部汽車，它裏面有不同的零件，如果以汽油作為發力的根源，就可以開動，可以把一個人從一個地方載到另一個地方。水電機的力跟汽車的力是經驗性的，跟力動沒有關係。力動是「超越的活動」。它既然是一種活動，它可以活動，在活動的狀態裏面存在，當然有力量在裏面。我就是這樣構想。如果你這樣想的話，就不需要在能力以外去發掘一個能力的根源。多數人說到哲學或形而上學，總是要有一個本體、實體，然後由一個實體發出一個功用，這就是「體用論」，就是形而上學最流行的一種講法。如果我提純粹力動，或者是超越的活動，它是一種活動，那力量就在裏面，就不需要在外面找一個實體作為力量的根源，說以實體作為根源發展出力量來，這樣便不用本體這種東西啦，也不必說體用論了。

結果是，在這種超越的活動、純粹力動裏面，用就有體的意味，體也是用。根據這種思考方式，體跟用在內容上沒有差別，完全是同一的東西。既然是同一，我們設計體、用的這兩個觀念便變得沒有需要。如果體跟用是一樣的話，我們就不用講體用論

了。體跟用作為形而上學的重要的範疇，也可以被消解了。所以在純粹力動現象學裏面沒有體用論，這是與熊十力先生那一套形而上學最不同的地方。我一直都是這樣想。❻

---

❻ 純粹力動究竟是甚麼東西，的確是一個煞費思量的問題。倘若說它是形而上的實體，類似佛教所說的自性（svabhāva），則不能不說它有體性義，這體性可以讓純粹力動具有金岳霖在其《知識論》中所說的那種「硬性」。這硬性有它的客觀實在性，它存在在那裏，又如金岳霖所說，你是奈何它不得，拿它沒有辦法的。這在存有論上，便成了一種對礙性，甚至障礙性，這與終極真理的圓通無礙的性格不符順。另方面，倘若你從虛面來說，以作為終極真理的純粹力動為完全沒有體性，沒有內容，則它只能是一種狀態，一種靜態義的沒有甚麼的狀態，這便近於佛教所說的空（śūnyatā）。這空有一種否定的意涵，即是，它否定一切實體形態、自性形態的東西。倘若這樣說終極真理，也有問題，這樣與虛無主義沒有本質上的差異，與經驗世界的事物沒有交集。終極真理是有關經驗事物的真正的、真實的真理，不可能與經驗事物完全沒有關連，沒有交集。我們說真理，或終極真理，是在實際的世界的這樣的環境說的，它決不能與這種環境沒有連繫。這個問題的確困擾著我，而且一直困擾著我。最後，我覺得只能把作為終極真理的純粹力動以一種分解的、分析的方式說為是超越的活動、超越的力動。它不是常住不變的實體，不是沒有自性、實體的空的狀態，而是一種超越性格的宇宙力、力動。它不是沒有內容的虛無，它是有內容的，但這內容不是實體義的體性，不是有硬性、對礙性的甚麼東西。那這內容到底是甚麼東西呢？對於這個問題，我想我們可以參考一下胡塞爾現象學的對於絕對意識的說法。胡氏的現象學中最重要的觀念，莫如絕對意識，它的意義基本上是存有論與宇宙論的，雖然後一方面比較弱。它能通過自身的意向性（Intentionalität）構架對象。同時，絕對意識是絕對性格，是清淨的、理想義、價值義的，因而也是現象學義的。重要的是，它有自身的內容（Inhalt），這便是一致性（Einheit）。這一致性傾向於一種關係，它不是實體，也不是非實體，而是關係。這關係有把實

力動這個觀念我在 1999 年就想出來了，然後一直在觀念上不斷研究、不斷探討，現在還是持這種看法。在這樣一種純粹力動現象學裏面，沒有建立體用論的必要性，也不需要建立體跟用這些形而上學的觀念。

你怎麼看呢？你可以用道家，或者是 Heidegger，或者是你比較熟悉的那些思想來關連著這個問題想想看。把自己的思想、思路組織一下。把它表達出來。

鍾：在西方哲學中，從古代赫拉克利特（Heraklit）與巴曼尼德斯（Parmenides）開始，就有生成與存有的對立問題。我一開始聽到力動的時候，是覺得比較傾向於從「生成」（Werden, becoming）那方面去解釋世界。到近代最新的發展，或者是在尼采的哲學裏面，尼采覺得存有是幻象的東西，世界主要是生成變化為主，他也講權力意志。所以我一開始念純粹力動，比較想得到的主要是關連尼采那一方面。

體與非實體連繫起來的意涵。把這關係義關連到純粹力動方面去，我們可以說，純粹力動也不離實體與非實體，它是雙方的綜合，同時也超越任何一方。它也有內容，這便是純粹動感。這自然是分解地、分析地說，純粹力動不可能超離現實的經驗世界而獨自存在。它作為動感，是純粹的，沒有特定的矢向：價值的矢向與文化的矢向。從發生、發現的角度說，純粹力動在它的純粹活動中，不期然地發展出多元的、多面的矢向：真、美、善與神聖。這些矢向沉澱下來，便表現為文化的開拓，開展出知識、藝術、道德與宗教的文化活動。故純粹力動是存有論之源，同時也是文化價值之源。

吳：尼采他自己也有關於力動的觀點。其實，用虛無主義來講，他那一套哲學也不簡單。對於「虛無主義」，一般人的印象就是，這種哲學思維是要否定世界的一切存在，最後歸於 nothingness、空無，就是虛無。你從這個觀點來瞭解的話，這不是尼采本來的意思，這是我們一般人理解虛無主義的方式，以一種負面的、有孤寂的性格來講。虛無主義有正面的意味，其中一點就是，它要打破一切對權威、偶像的信仰，這是很好的一種功能，就是把既有的那些凝固的、僵化的思想打掉。就是讓新的思想有機會、有空間突破出來、發展出來。京都學派像西谷啟治就是這樣看尼采的這種虛無主義。不是說虛無主義就是要否定上帝，上帝沒有了，那我們人變得沒有信仰的目標。不是那麼簡單。**❼**

---

❼ 西谷啟治認為，西方傳統哲學的觀念論與實在論，都預設主客的二元對立性，事物都是在意識的場所下被理解，因而不能免於自我意識的象表性，被自我意識所障蔽。虛無可以跨越意識的場域，主體與實體都被克服、被否定，自我意識會被解構。不過，虛無有相對性，是與相對的有相對反的無，因而是相對的無。由於近代科學的和數學的機械的觀點的影響，讓人在精神上失去依據，而感空虛，虛無便在這種縫隙中顯露而肆虐。不過，在一些情況，虛無有正面的作用，它讓人對包括自己在內的一切感到疑惑，而疑惑正是覺醒的一種契機。大疑之後才有大覺。即是，虛無使人對傳統的權威產生懷疑，自我的存在與一切事物的存在都變得蒙昧，最後，懷疑者與被懷疑者的界線泯失，而懷疑本身又不斷膨脹，而變成禪宗所謂的「大疑」。這是生死關頭的一刻：若能突破大疑，便能洞徹地明白生命的真相，而達致覺悟。不能的話，精神便會崩潰。因此，西谷提出要以佛

鍾：他說廢除舊有的價值，可是新的價值又還沒有建立起來？

吳：就是說虛無主義有這樣的一種作用。它不留餘地地把傳統留下來的一切成見、俗見、機械性的思維方式擊破，新的思維元素才有出現和發展的空間。一般來說，人們是強調它破壞的那一面。其實，我們要破壞一種東西，你如果只是這樣講的話，你也很難去替破壞定位，就是破壞到底是好還是不好呢？你一談這個破壞就是不好的，沒有建設性，對這個世界沒有好處，只會損害這個世界。其實，不一定是這樣啊。你是破壞負面的東西、僵化的學說、一些對權威一面倒的信仰、邪見，我們要破壞這些壞東西啊，壞東西被破壞，好的東西才有機會跑出來啊、發展啊。如果舊的、壞的東西永遠都待在那個地方，新的東西便出不來了。好像你一個人工作到某個年紀就要退休，因為你到了這個年紀，身體的很多方面都會衰退，不能再像從前那樣有效率地工作了，所以你就要退休，讓一些新的人進來，繼續做你沒有做完的事情。這不是很好嗎？退休講的不好聽就是把老骨頭給趕走，不讓他霸佔那個位置，一直到死才停止，這樣就很不好。所以「鞠躬盡瘁，死而後已」這句話可以有不同的解讀。我看今天就講到這裏。

教的空來轉化虛無，甚至以空來取代虛無。西谷強調事物的形相會消散和融和於虛無之中，而為後者所吞噬；而在空之中，事物則能一改在虛無中的衰頹姿態，被復位過來，凝聚本來的能力，以自在之姿顯露出來。故要克服虛無，作空的轉向。

第 五 講

（2007 年 8 月 17 日）

鍾：上次有提到現象與物自身的分別。在老師的書裏面，對於物
自身有一個比較新的界定，就是所謂的「物自身的行動義的轉
向」。我覺得這是超越牟先生的理解的一個地方。能不能請老師
稍微講一下，在這種情況下，一種行動義的物自身是一個甚麼樣
的狀況呢？如果像老師所說，物自身變成一種行動義的話，我們
將會產生一個疑惑，就是說，所謂物體的物自身，就是物自身作
為一種物體還存不存在？行動義的物自身是不是說物自身是由行
動來界定呢？這個時候，我們所面對的對象還能夠稱之為物自身
嗎？甚至說，「物體的物自身」跟「行動的物自身」如果說是兩
個物自身的話，它們兩者之間有沒有統一的可能性呢？

吳：這個問題很好。主要就是，我們看物自身，就是把它看成為
一種靜態的東西。甚麼東西呀？就是那些存在於我們的感官面前
的一些對象，或者現象，或者物體，背後有把這些東西撐起來的
那種東西，我們就把它稱為物自身。本來我們從現象或對象，從

這方面開始去思考，然後推論這些東西，現象呀，或者是對象，背後一定有一個不變的物自身去支持它，使得它能夠存在。但是那種東西我們又沒有辦法去接觸，因為我們沒有接觸它的機能。康德說，我們沒有「睿智的直覺」去接觸物自身，那是他的講法。對於這種睿智的直覺，他說人沒有，只有上帝才有，那是他的看法。我們東方哲學就不持這樣的看法。就是物自身，作為現象或者對象的存有論的基礎，它的存在性，我們人也可以培養出那種能力來瞭解。儒家、道家、佛教都持這種看法。所以康德講的物自身，是一個負面的名相，它不是正面的語詞，指向某一些東西。它只是一種推論，一個界限概念（Grenzbegriff），限制知識的範圍。可是在東方傳統裏面，這個物自身不是一種推論，可以說是一種具體的東西，一種具體的目標。我們人本來就有一種潛能，去認識、體證這種物自身。睿智的直覺對於我們人來說，是可能的。

　　有關這個問題，很多人都講過了。不過，牟宗三先生在這方面講的最集中，最有系統性，那就是他的《現象與物自身》這本書所講的。不過，他講的那個物自身還是有一種傾向，就是說，它是偏向一種靜態的東西，它沒有甚麼「動感」，它就是我們通常所見到的那些物體背後的存有性的依據。但這個物自身若是帶著「物」這個字眼來講的話，「物」就是我們所看到的一些東西、物體，茶杯啊、錄音機啊、鑰匙等等。對不對？這就是一些物體。物體不是有動感的活動，或者行為。如果用 Whitehead 那套哲學來講的話，他所講的「事件」（event），或者是「實際

的境遇」（actual occasion），都不是物體，而是有一種活動
的、有前後那種相攝性的那方面的意思。後來我就想，我們對物
自身的瞭解是不是一定要停留在物體的層次，還是說我們可以有
另外一種超越物體狀態的瞭解，超越物體的靜態意義的瞭解呢？
我們對物自身的瞭解，是不是可以從一個靜態的這種東西解放出
來，而成為一種行動，或者一種行為呢？如果可以的話，那物自
身的意義就很不同。特別是在道德上、宗教上，它的寓意就很不
同。它不光是一種存有論上講的、存在於物體或現象背後的另外
一種層次的存在，一種靜態的存在，而也是一種有道德意義、宗
教意義的一種教化或轉化的行為。

　　我們可以從這個思路，去對物自身這個觀念進行一種比較周
延的反思。我覺得這是可能的，而且是很有價值的。為什麼是可
能呢？就是說物自身不一定要鎖定在某一個靜態的物體裏面，雖
然帶著一個「物」的字眼，可是它和通常我們所見到的周圍現象
的那種物件、物體不一樣。物自身的這個物（Ding）不一定要把
它講到一種靜態的物體上面去，我們可以把它的意義鬆動一下，
讓它鬆開，從靜態的意義鬆開，發展出一種有動感的行為。如果
可以這樣做的話，那我們就可以把物自身從存有論、認識論的領
域解放出來，而有一種道德上的教化、宗教上的轉化的意義。而
我們說對於物自身的體證，也不光是一種把物自身當成為一種靜
態的本體層次的東西來看，而可以把它看成為一種有道德意義、
宗教意義的行為。這點就很重要。我們研究這個存在，物體也
好，現象也好，事件也好，我們不必停留在一種靜態的物體的那

種狀態，我們也可以瞭解一些有動感性的現象。譬如說下雨，下雨是一種自然的現象。譬如說地震，前兩天南美洲那個 Peru（祕魯）不是有大地震麼？七點九級大地震呀，我今天看報紙的報導，已經有七百多人死掉了。這些都是一些活動、一些行為，不是靜態的物體。既然我們可以了解一些物體，也可以瞭解一些活動，不管是人為的活動也好，自然界的活動也好，那我們處理物自身的問題，應該也可以從作為一種物體，把它發展開來，作為一種行動、一種事件、一種行為來看。

那你可以提出一個問題：作為行為的物自身，或者物自身那種行為的轉向、行動的轉向，到底是指什麼東西呢？作為物體的物自身，我們比較可以瞭解。可是作為一種行為、一種行動，有道德意義宗教意義的行為、行動，這樣的物自身，好像沒有人這樣講。所以一般人聽起來就會有一種奇怪的感覺。他們會問「物自身怎麼會是行為呢？」因為他太執著於物體這個概念。物自身為什麼一定要是物體呢？你有甚麼理據去把物自身限制在物體這種東西上面，不容許它擴張、發展成為一種行為、一種行動呢？所以，我們可以順著這條思路來繼續去探討，就可以看到，把我們一般所涉及的東西，初步分成有靜態的物件、物體，另外一些則是在動感裏面，表現在動感裏面，它有一個歷程，就是成長的歷程，Whitehead 所寫的 *Process and Reality*（《歷程與實在》）裏面所講的一些「歷程」。這個字就有一些現象、有一種行為、一種活動的意味。

有人會問，那甚麼是物自身呢？如果你要把物自身講成為一

種行為，說成是一種行動的轉向，那你要舉一些例子給我看一下。有了具體的例子，這點就變得明朗起來。那我就會說，一切道德行為、宗教行為，都有物自身的行為轉向的含意。我們從行為這點來講，我們通常講這個行為、活動、事件、現象，它們都是屬於同一個領域的東西，就是跟物體不一樣，它們有一種動感在裏面。它們有變化、有變化的歷程。對於這種行為，我們起碼可以把它分成兩種。一種是中性的，沒有價值的意味，不是估值的這種行為；另外一種行為是有價值可以講的，是一種估值的行為。我先講前面那種，這種行為很容易瞭解。譬如說有六個同學也好，朋友也好，在打籃球，玩打籃球的遊戲。他們可能都很喜歡打籃球，不過這是一種個人的事件，跟周圍的環境、周圍的人沒有關係。他們喜歡打籃球，就聚在一起。或者是像我剛才講的，水災啦、地震啦，這是自然的行為。打籃球是人為的行為。或者是撞球，它也是一種遊戲呀，就是有些人喜歡玩這種東西，就常常去玩。或者是很流行的打太極，他們說太極也是一種運動，有強身健體的效果。很多人這樣講，也很多人這樣做。這些都是行為，基本上是個人性的，沒有客觀的價值意味，不具有價值性（axiology）。可是另外一些行為，有價值的意味在裏面，特別是道德的價值、宗教的價值。這種行為每一種宗教都有。從基督教來講，裏面很重要的一點就是，耶穌是上帝的道成肉身（Inkarnation）。他是上帝差遣到我們人間，示現為人的形象，即是，上帝透過耶穌，作為一個宗教的核心，現身為人的形態。耶穌一方面有神的性格，另外，他是一個有血有肉的人。所以他

有神的因素，也有人的因素。他就可以把上帝跟人溝通起來，他可以做為一種橋樑，作為上帝跟人的一種直接溝通的媒介。耶穌到了現實的世界，從事很多很多一般人覺得很卑微、很屈辱，而且很痛苦的活動，最後給羅馬的軍官抓起來，釘死在十字架上面。這就是一種行為，可是這種行為跟我在上面所講的活動或行為很不同，它有一種宗教救贖的意味在裏面。它要表現的是一種拯救世人，讓世人從他們的原罪方面解放出來，就是為人類贖罪。那贖罪的宗教的意味就很濃厚。這種行為與一般的現象、事件並不是一樣，它的導向、矢向都不一樣。一種是純粹物質性的自然現象，或經驗性的人為現象，都沒有價值意味。另外一種顯然具有很濃厚的道德的教化、宗教的轉化的意味在裏面。我們就可以提出，耶穌在世間上所表現的志業、活動、行為，不是現象性格、經驗性格的，它們到底是什麼性格的呢？

　　這種宗教的行為、宗教的活動，除了我剛剛講的基督教的耶穌的行為以外，可以再舉很多很多例子。都是一樣，都是有道德的價值、宗教的價值的行為。如果我們可以用現象跟物自身兩層來看物體的話，那我們是不是也可以同樣以現象跟物自身這不同的層次來看我們日常生活中所表現的活動、行為呢？就是說，對於我們的行為是不是也可以把它分成兩個層次，一個是現象的層次，一個是物自身的層次。就是說，我們對於物自身是否可從把它看成一種在真理層次說下來的事物的，或者是物體的真正的、正確的狀態，進而把這種狀態關連到行為方面去呢？就是說，我們能不能把物自身從物體、靜態的存在性提升起來，提升到有動

感的行為那方面去呢？如果可以的話，這就是物自身的行動的轉向。我認為有這個可能性，我們可以這樣做。事實上，以往出現過很多很多用自己的生命去救渡別人，從道德良知出發，表現損己利人的道德行為、宗教行為。所以這個物自身的行動轉向也不是一種空想，而是在古今中外已經有很多實際的事例，這些事例展示出人表現出另外一種形態的行為，也就是超越自然行為、經驗行為的具有生死相許、終極意義的行為。如果我們能在這點上用工夫，把物自身的行動轉向建構成為一種思想，甚至一套哲學，那會是非常有意義的事，對哲學觀念提出新的思維導向。

鍾：所以像禪師青原惟信講的悟道的三個階段，第三階段「見山又是山，見水又是水」，這個山跟水還是物體的物自身。或者如道家講的「觀」天地萬物的變化，還有海德格舉了十七世紀神秘主義者 Angelus Silesius 的一首詩，他說「玫瑰花沒有為何；它開花，因為它開。它不注意自己，也不問是否有人看它」。那這種花也是比較偏向於物體的物自身。

吳：對，靜態的。譬如說程明道提及我們常常引到的一句話，就是「萬物靜觀皆自得」，就是說你在靜觀萬物，就可以看到它有一種自得其樂、自我滿足的狀態，不需要依靠它以外的一些東西，讓它有自得的感覺。在這脈絡下的萬物，那種行為、行動的意味就不顯。你不能說完全沒有，可是因為他講靜觀，「靜」這字眼就限制了它的行動、行為的意味。你要靜觀才能看到，你不

能動起來，在一種動的狀態，在萬物不停的變動這種狀態下看到它們那種真理、物自身的層次。就是萬物，當我們以一種靜態的方式來體會它，我們就能夠體會它的那種自由、自在、自得的狀態。但我們是不是也可以對一些行為，不停在運作、不停在表現一種動感的行為，也看成為有自得的那種層次呢？所謂自得就是獨立自在，不需要依靠一些外在的、經驗性的因素而自得。如果我們在這方面能講的通的話，那就是不光是現象、事件可以有一種行為的轉向，就是物自身也可以有一種行為的轉向。其實，一切都需要說動感。為什麼又說「靜」呢？我們說萬物有靜的那方面，不是說萬物絕對的在靜態裏面，不是這個意味。萬物是不停地在動，我們說它靜，是因為我們感官的能力有限，你只看到它那種在靜態裏面顯現的情狀。其實它自己在不停地運作，在動感裏面活動，我們卻看不出來，我們看不出來並不表示那種情況就沒有。我們看不出來是因為我們沒有能足夠的看到萬物不停在動用之中的那種感官。不同的動物，牠的感官作用可以不同。我們的眼睛白天才看到東西，晚上看不到。可是有些動物，在晚上看周圍的東西。甚至不用眼睛，用其他的器官就可以感覺到周圍的事物的存在性。所以，這個物自身的行動轉向，康德沒有講過，牟先生好像也沒有講過。他的那本《現象與物自身》，我在課堂上聽他講過，書出版後我也拿來看，而且一看再看，好像也沒有發現他有物自身的行動轉向的這種意味。他好像還是把物自身看成是靜止不動的東西，埋藏在現象的事物的背後。

鍾：牟先生的《現象與物自身》那本書一開始有提到說，物自身不是物體的概念，它是一個價值的概念，這好像跟老師提的有點類似。

吳：對啊，對啊。可是那個價值要怎樣表現出來？你要進一步告訴人家，物自身為什麼是一種價值的概念。你要告訴人家，物自身是一種價值概念是甚麼意思。所謂價值是甚麼方面的價值？因為價值這個字眼，意義很廣。譬如說，你這個錄音機，買了多少錢呢？

鍾：一千五。

吳：好，這個錄音機的價值就是一千五百元台幣。然後是兼課，你有沒有兼課呢？我家下面是超商，每個鐘頭給你算薪水，我們看他們的職員是鐘點算，不是長久算，都是換來換去。每個鐘頭給你一百元台幣，這個也是價值啊。譬如說你有一部汽車，它可以讓你從一個地方到另外一個地方，讓你從 A 地到 B 地，那你這部汽車就可以講價值。它有甚麼價值呀？它的價值就是把人從一個地方轉移到另外一個地方。不同的車有不同的功能，條件也不一樣，大小也不一樣，所以價值也都不一樣。如果這樣講的話，價值就是相對的。一個以鐘點算薪水的職員，他給你服務一個鐘頭，他就拿一百塊台幣，這在市場上就有價值的意味。可是這種價值是不固定的。而且不同的人，他的服務，我們對他在價

值上的評估也不一樣。譬如說你要請一個律師，代替你出庭，或者是辦理那些離婚啊破產啊之類的事情，他要收費，通常是一個鐘頭他收你五千塊，這種就是價值。所以講來講去就是說，這種價值是相對的，在這裏我們不能講絕對性。

可是為了朋友而獻出自己的生命，或者是為了國家喪失自己的生命，就是忠於他的友誼，忠於他的民族，忠於他的國家。像文天祥，他給蒙古人抓去。蒙古人用盡種種辦法去遊說他，希望他能投降。就是說，如果你能投降，我們給你最好的、最高的官祿，除了皇帝以外，就是你啊，給你作宰相。蒙古人就這樣提啊，可是文天祥在監牢裏待了兩年，完全沒有受影響。不管你用甚麼樣的物質、怎樣高的官職來遊說他，要他投降，不再反抗，他都不肯，結果被砍頭，丟去性命。那個生命的價值就非常高，不能以金錢、物質來衡量。我們中國人常常講，一個人的死，有重於泰山，有輕於鴻毛。文天祥的死就比泰山還重。到底重到甚麼程度呢？這個很難講，對不對？

所以物自身的這種行動轉向，有很大的一種開拓的空間。我們要從這一種思路、這一種思維的方向，不斷地去發展、去開拓。當年像梁漱溟、熊十力好像都沒有提到這種觀點，可是在他們身上就充滿著物自身的行動轉向的行為，在他們的生活裏面就可以很明顯看出來。物自身那種行動的轉向，譬如說梁漱溟，他不服毛澤東那一套唯物論，更反對階級鬥爭。他說我就是要堅持孔子的思想，我就是孔子的繼承人，我不能接受共產主義的理論。然後有一次跟毛澤東正面地吵起來，毛澤東要威逼他，最後

梁漱溟只講了這麼一句話，就是說，「三軍可以奪帥，匹夫不可
以奪志。」他就講了這麼一句話，他的人格就顯出來，顯出來成
為一種行為、一種行動，要堅持自己的信念，不隨著當權者的腳
跟轉。熊十力也是一樣啊，解放以後，那些共產黨的高官、領導
人員來找他宣傳共產主義，要他不要講甚麼大易、儒家的那一套
啊。他們認為那些都是古董的思想，不要講那一套啊，要現實一
點。熊十力就說，不管怎麼樣我都不能接受馬克斯列寧主義。我
只接受孔子這一套，不接受唯物論。他講這些話，他有這種本
領、有這種勇氣。然後有一次他們要開甚麼政治協商會，簡稱為
政協。熊先生是裏面的一個會員，就進去開會。到北京去開那個
政協的會議，大家都聚在一起啊，開到某個階段，突然之間有人
宣布毛主席來了，然後每一個人都站起來，不停地拍掌，可是熊
十力他一個人坐在那邊不動如山，也不講話，也不站起來。毛澤
東拿他沒有辦法❶，他可能想把他殺掉算了，可是他沒有這個膽
量，因為熊先生的影響很大，如果你就這樣把他殺掉，可能會引
起很多很多麻煩問題。他有這種表現，我們說，他有他的一種人
格、道德的人格，有一種自信與忠誠，不屈服於任何外在的力
量。面對那些外在力量的威嚇利誘，他總是不低頭。所以這種人

---

❶ 這裏說毛澤東拿熊十力沒有辦法，也可以視為熊十力具有上面提及的一種
「硬性」。但這硬性不是物體的、實體的、靜態的硬性，而是行為的、物
自身的、動感的硬性。這種硬性可以展現出一種巨大無倫的震撼力量，以
改變人們的觀點，提升他們在做人方面的意義與質素。這是意志上的硬
性，是精神性格，不是物體的、血肉之軀的硬性。

格就表現為那種行為，就是不向現實低頭，不配合毛澤東所提的那些種種的運動，卻關起門來寫自己要寫的書，不讀馬克斯、列寧的書，也不聽那些黨國高官的話語。他就是這樣生活。他所表現的這種人格，我們不能把它看成為一般的對象、一般的現象。人格怎麼把它看成為一個對象呢？而且人格也不同於一般的行為，跟這個打籃球啊，或者是自然的行為、自然的現象，下雨啊、雷電交加，都不同，那是另外一種行為。人格的行為不是現象性的行為，不是自然的行為，是道德行為、宗教行為，是物自身層次的行為。人格不是拿來研究的，我們不能把它看成為一種研究的對象，它是道德的行為、宗教的行為的一種動力。這種動力爆發出來，人格作為物自身層面的東西，爆發出來，它的影響力就可以很強大、很悠久，這不就是行動的轉向嗎？這很重要，可是他們沒有提出來。

第 六 講

（2007 年 8 月 21 日）

鍾：上次好像還有一個比較小的問題沒有處理到。就是說，「物體義的物自身」跟「行動義的物自身」，它們是怎樣的關係呢？

吳：我上次好像提到了，就是我們通常說物體，是把它看成一種在相對義上靜止不動的東西來看。但是從終極的角度來看，沒有絕對靜止不動的東西。我們說它好像不動，說它在靜的狀態，那是因為我們的感覺機能不是那麼精確、深入，所以就感受不到它的動勢。我是說，物體本身也是在動感裏面，不斷地有它的運動，可是我們的感官感覺不出來，就以為它是靜止的。所以從這點來講，我們也可以說，物體本身也可以看成是一種在變動中的質體（entity）。那就是，我們可以把一般我們認為是靜態的物體、物件，看成為一種活動、一種行為，就是物體本身不斷地在運轉。如果從這裏講到物自身方面，我看都是一樣。你說，在現象世界、經驗世界裏面，有在物體背後常住不變的一些所謂存在的基礎，那就是物自身來支持它。對於這物自身，我們也不應該

把它看成是一種完全是靜止不動的東西,而是要把它看成為一種
行為、一種活動。可是一般人總是以為物自身應該是靜止不動
的,如果它一動,那它作為現象世界、經驗世界的物體的形而上
的依據就可能有問題。一般人是這樣講的。可是我想,我們一定
要從這種思路去看物自身的動靜的問題。物自身也可以是一種行
為,是我們察覺不到的一種活動、一種行為。當然,如果我們從
宗教、道德的面相來看物自身的行動性,我們就可以說,一切道
德行為、宗教行為,只要它是出於一種佛教所謂普渡眾生,儒家
所謂讓一般人成為君子、聖人,基督教強調人要做一個虔誠的基
督徒,等等動機的話,這些行為就有教化、轉化的意味,我們都
可以看成是一種在物自身層次的行為。這就是物自身的那種行
動、行為的轉向。不過在這裏,我想我們最要注意的是,這種物
自身的行動轉向,需由一種忘我、一種大公無私的精神、純粹出
自一種道德的良心,或者宗教的救贖心的信念表現出來。

所以這種行為跟一般行為不一樣。參加田徑活動,如一百公
尺賽跑,這些活動所呈現的情況,我們可以用機器測出來,而且
可以比較,你五個人一起參加這種賽跑,那一二三四五有一個次
序,這在量方面,我們都可以比較確實地用機器展示出來,他跑
一百公尺跑了多少秒,就是十秒,那十秒以前可能就是一個極
限,是一個未能達到的記錄。但以後十秒的這種記錄可以被打
破,這還是可以在量上的幾分幾秒標示出來。可是宗教行為跟道
德行為,在這方面我們不能這樣做。我們不能把這種行為,這種
物自身的行動轉向,以量化的方式去形容。就是說,一種宗教行

為或道德行為，它的價值到底有多少、有多大，不是一個量的問題。而且，你不光要看當時被表現的這種行為和當事人所表示的信念是怎麼樣，還要看周圍或是以後，它的影響到底有多少，這是很不簡單的問題。你更不能做一種量的評鑑，對行為評分，不能這樣做啦。所以，這種作為行為來看的物自身，或者物自身的行動轉向，與一般我們所瞭解的行為或活動是不同的，層次不一樣。

鍾：我最近在思考，在我們這個時代，要怎麼樣去規定一個人的處境呢？或者說，作為一個個體的現代本質是甚麼呢？譬如說對於人的本質，如果我們從宗教去做設想的話，一般的宗教都會提出久松真一所謂的宗教的「契機」。基督教的契機的負面意識就是罪，罪的意思可能比較偏向罪惡或者是原罪；在儒家裏面是所謂的惡；在佛教裏面是苦。在老師的書裏面，好像認為，對於人的生存處境的負面現象的規定，苦是比較終極的，比罪跟惡更為終極。那，我的想法是，對於現代人來講，苦是否還是一個最主要的負面現象或意識呢？就是它的廣包性。我曾寫過一篇文章，那是關於所謂的「壓力的現象學」，還有莊子解除壓力的方法，我嘗試把壓力規定為現代人的負面意識的一種觀念。就是現代人比較容易感覺到工作的壓力、婚姻的壓力、經濟的壓力，那是不是就苦來說，我們也可以做一種現代的轉化，或者是仍然要使用佛教對於苦的概念，視它還是有比較寬廣的外延呢？

吳：我想，這個問題首先要從宗教的契機來講，我是說，佛教所講的苦比較基督教所講的原罪，跟儒家所講的那個，它好像不是用惡的字眼，他是用人欲，陽明不是說「存天理，去人欲」嗎？就是人的種種的「私」，私欲、私念，就是為自己個人的利益、好處，不惜去做一些違背良心的事情。人常常會有這種作法。如果我們從生命的負面來講，說人怎麼樣受到負面的生命的那種事實，罪啦、苦啦、惡啦，還有死亡，是不是受到這些生命的負面東西所驅使，讓他接觸道、接觸宗教，而要有一個信仰。如果你從這方面來講的話，罪、苦、惡、死這四方面的東西到底哪一種最有基源性、最有終極性呢？所謂終極就是不能還原為更基本的東西，我們就叫它具有終極性。這種分別可以很容易解決。我們可以說，罪、死、惡當然是從人性的負面所引起的壞的行為，這些東西我們都可以說是苦的。如果這樣講的話，在邏輯的外延上來說，罪、苦、惡、死，這幾方面的東西還是以苦的外延為最大。其中的理由很清楚，我們可以說罪是苦，可是我們不可以說苦是罪。一個人犯的罪是法律性質的，坐牢麼，他覺得很辛苦。可是，我們不能倒過來說，辛苦、苦就是罪。譬如說一個人天生出來就沒有雙手，吃飯、洗衣服都要由腳來代步，因為他沒有手啊，可是他沒有罪，可是他很苦。沒有雙手，而要用雙腳去生活的人，當然很苦，可是這種苦不是罪，因為他天生出來就是這種情況，他不需要為這種情況負責任，甚至他的父母也跟它沒有直接的關係。一個人天生沒有雙手，不能怪自己，也不能怪父母，所以這裏就沒有罪可以講。從甚麼東西講呢？這個問題就很複

雜。從佛教的觀點來看，就說這個人前世的惡業很重，讓他一生出來就沒有雙手，算是賠償、平衡惡業，佛教也只能從業力、惡業這方面來解釋。其他的宗教也有他們的講法，這個我們不管。反正我們可以很確定的說，苦有很多方面。有普通的方面，就是一個人出生的身體狀態就不是很正常，有某一方面缺乏，耳朵可能一生出來就聽不到東西，一生出來可能就心臟肌肉萎縮，結果就可能影響到他心臟的運作，讓他很快就死掉。有些人運氣比較好啦，像英國的一個偉大學者，他是一個很有名的物理學家，可是他一生出來就肌肉萎縮。結果他沒有讓自己給嚇到，反而下了決心要克服這種先天的缺憾，然後很堅強地去做他覺得應該做的事情，結果他就成了一個很好的天文學家、物理學家、有名的大學教授。天文學裏面很有名的黑洞的一些 hypothesis（假說）都是他提出來的，這是天文學裏很大的一個洞見。他就是一生出來就是這樣，他是很辛苦的，可是你怎麼能說他有罪呢？所以我們能說罪是苦的，不能說苦是有罪的。這兩個概念的外延不一樣，苦的外延較大，罪的外延就小一點。進一步說，苦的外延包括很多種面相，罪是一種，惡是一種，死又是一種。所以，苦作為一個總體，它裏面包括罪啦、惡啦、死亡啦等因素。外延大的東西，它的終極性就越強。人有很多種，有黑種人、白種人、黃種人。我們說黑種人是人，白種人是人，黃種人是人，這就很正確。我們不能倒過來講，說人是白種人、人是黑種人、人是黃種人，這很明顯是有問題的，不能成立的。你只能說，人是包含這幾種膚色的雙腿的動物，只能這樣講啦。然後，一個問題就是，

現代人對於這種先天的缺憾，從積極的眼光來看，就是怎麼樣去
面對這些缺憾，讓自己的生活好過一點。至於你所提到的壓力問
題，的確會構成現代人在生活上的困擾。古代人也有壓力，只是
不及現代人那麼重、那麼複雜而已。這是現代文明，特別是科技
文明所帶來的結果。人享受科技文明帶來的舒適的生活，同時也
應面對這種文明的副作用、惡果。這個問題，很不簡單，我在這
裏只能說，要在科技文明與壓力之間，取得一個平衡。

鍾：我比較想問的是，如果用苦來看的話，現代人的最大痛苦是
甚麼？

吳：你剛剛講是壓力，工作的壓力，生病啊也是一種壓力。現代
人的確是感受到很多不同的壓力，那我們怎麼樣去處理或者是面
對這種壓力，是不是這樣？

鍾：就是力動現象學怎麼樣解除這種壓力？

吳：我想有兩點可以說。第一點就是，你要承認這個事實，而且
要接受這個事實。就是說，一個人有癌症，癌症是一種很重、很
苦的疾病，可以引致人在短期裏面就死亡掉。如果你有這種疾
病，那你要做的就是，承認它，接受它。你不要一直追問說，我
所在的環境跟生活方式都跟這種疾病沒有關係，為什麼是我得這
種疾病呢？為什麼不是我的朋友或者是親人得這種疾病呢？問這

種問題沒多大意思，也解決不了問題。癌症的產生，一般來講是有幾方面的因素，那你不屬於這幾方面的因素，也不表示你絕對不會有這種疾病，因為這幾種因素只是通過經驗性的調查、記錄而來的，它的或然性很高，可是沒有必然性。所以你不能埋怨，說自己跟這些因素完全沒有關係。這是一點。要先承認這個現實，然後想辦法去處理。

第二點就是有關解決這種疾病的問題。如果我們從純粹力動現象學來看這種情況，我想我們可以這樣看。就是說，癌症是一種疾病，可以說是一種病的某種現象、病的某種事件。不管你是怎麼樣，只要是一種現象、事件，我們就可以說這些現象、事件是純粹力動經過兩層的「詐現」而顯現出來的。首先，力動詐現為物體元素的最基本狀態，就是「氣」；第二度詐現就是氣分化為不同的事物。既然它是詐現，不是真有其實，它就沒有那種永久、常住的性格。它沒有常住性。即是，這些東西、作為詐現的東西，或者是說它們的本性是詐現，都沒有常住不變的性格。那就表示這些現象、事件可以改變。這種改變可以從一種很重的病改善為一種沒那麼重的病，再改善為輕微的病，最後那個病消失了。所以，你說現在的人感到很多壓力，在一般生活上，讓自己感到不快樂，覺得生存不過癮，生存沒有價值，如果你有這種想法，這些想法都給你一種難以忍受的壓力的話，那你就不妨參考我剛才講的那種情況。就是說，你現在受到一些壓力所威脅，讓你感到很痛苦，受不了，可是你應該有一種期望、希望，就是我剛才所講的，一種基督教所講的「盼望」（hope），希望這種情

況會改變。嚴重的沒有那麼嚴重，沒那麼嚴重的可以恢復到正常的狀態。所以盼望很重要啦，人一定要有生活的目標，總應該有一些盼望才行。就是說，要看到一些理想，不要總是覺得整個世界都是黑沈沈的，沒有光明，只有黑暗；沒有快樂，只有痛苦；沒有希望，只有絕望。我們不要這樣看。就是，以前生活的歷程可能很痛苦，可是你不應該總是想著以前的事情。以前是很痛苦，現在可能也是很痛苦，可是你有未來，將來那個天地、空間可以是非常大的。你的將來不一定是跟以前一樣充滿痛苦的。我是說，一個人總要想一下未來的事情，不要光是執著過去，尤其是過去的一些負面的、讓你痛苦的事件，因為這樣做對你沒有用，解決不了問題。要看看前面，前面還沒有來，它對你有一種希望、可能性，你要在這方面多想一下。自己現在所置身其中的處境是可以改變的，不會永遠是這種情況。你就算是坐牢，也有放出來的一天，有重新得到自由的可能性。一個坐牢的人，放出來後，可以做很多有意義的事情，整個世界都是對他開著大門。所以你如果能用比較樂觀的心情，不要太追究以往的痛苦的經歷，你的這種壓力慢慢會淡化，最後就是，你如果對自己越來越有信心，對前途也越來越樂觀，那你這種壓力就會慢慢消失，整個做人的態度也會改變，從消極到積極，從無為到有為，對不對？在意志上，人永遠是決定自己怎樣走的主人。

所以純粹力動就有這種治療性，我們可以從現實環境來考慮這些現象。它跟佛教講的緣起義理雖不是完全一樣，但基本上是有同一思考的導向。就是說，任何東西都沒有常住不變的性格，

它都會改變，只要有改變就會有希望，改變的可能性是希望的基
礎。所以，所謂宿命論這種講法，我們不用去接受它。這種講法
太小看自己的心靈和意志的力量。甚麼東西存不存在都說是命
定，而認命，不抵抗，完全接受，你就沒有希望，生活就變成飄
飄蕩蕩的浮萍，受周圍的環境所操控，主體性完全不見了。

鍾：所以純粹力動只負責詐現出現象，它不會詐現出苦麼？苦只
是人的一種想像嗎？

吳：也不是這樣子的。這詐現是一個大原則，用來解釋種種不同
的事件的生成跟變化的情況。它有宇宙論的意味。詐現出來的東
西是不是一定都是好的呢，我想問題也不是這麼簡單。你就是上
帝，上帝做人，祂把自由恩賜給人，所有的人。可是祂另外也給
他一個很大的壓力、很大的痛苦，那就是原罪。上帝是一種有意
識、有決定權的人格神，祂可以給你好的東西，那就是自由。祂
也給你壓力，就是犯罪的那種動力呀。純粹力動不是上帝那種有
人格性的神，它沒有意識、意志，只是宇宙的一種力動，是整個
宇宙的動力，引導不同的現象的產生、變化，最後消逝而已。那
繼續而來又有其他的東西，繼續產生、繼續變化、繼續消失。它
是宇宙的一切現象的存有論的來源，也可以說是宇宙論的來源。
我們不能對它要求太多，不能碰到一些不如意的事情就去詛咒這
個純粹力動，說它為什麼把我構作成這個樣子啊，像一朵浮萍
啊！如果人遇到一些讓他失望的事情，就去詛咒上帝，說上帝既

然是非常慈愛，為什麼卻讓我碰到很痛苦的事，很重很重的壓力，讓我透不過氣來呢？你不能怨上帝啊，怨沒有用。

遇到這種情況，我們不妨也想想，就是說，這種種不同的痛苦，對自己來講，也不一定永遠是負面性的，它反而可能是一種挑戰你的一些外在的因素，挑戰你的信心，挑戰你的意志，挑戰你的忠誠、道德的勇氣。你如果在它面前低頭，你就垮了。你如果把它看成是一種對你的人格不斷地向上的推動力，不讓你生活得那麼舒服，要你受一點苦，知道現實情況的艱難，因而更加努力、堅強地熬下去；如果你能這樣看，那這些痛苦就不光是對你的負面的壓力，而是一種磨練你的意志，增強你的生存的信心，引起你的道德勇氣，堅持你本來的目標的契機（trigger）。這種想法可以使你整個人變得和原來的不一樣。可是你一定要堅持，不要給那些痛苦，或者是身體上的某一方面的殘缺所擊倒。不要在它們面前低頭，不要投降。你要站起來跟它較量，通過這種較量，你那種信心啊、意志啊，會強化起來，也增加你對一些不好的際遇多一點應付的經驗跟能力。如果你能這樣想的話，那些痛苦對你來講，不但不必成為一種障礙，反而會磨練你的生存的鬥志，增加你的生存勇氣。在應付這種負面的現象中，你可能會遇到很多挫折，好像你在街上走路踢到一塊石頭，然後你就跌倒了。像這種情況很多啦，在我們一般的生活裏面每天都有啊，這是很平常的事情。最重要的是，你不要這樣子便放棄了。就是遇到一些不如意的事情，你就垂頭喪氣，好像世界沒有希望了，不要這樣子。你要站起來，就好像你跌倒了，那種機會很多，可是

你一定要站起來再走，直到達到你的理想為止。❶可能這個理想永遠都達不到了，可是你還是朝著這個方向前進。那你這種生命就很有價值。所以，這種力動學，我想它不但是形而上學的一種理論體系，同時也有道德方面的、宗教方面的涵義。是不是呢？

鍾：對。就是好像佛教講的把煩惱轉化成菩提一樣。

吳：對啊。你說的這個偉大的宗教，的確有這樣的睿識。不光是佛教，道家也有啊，「道在屎溺」。基督教也有，儒家也有。不過就是佛教在這方面強調得比較多，所以有很多話頭，表面聽起來好像不通，可是它裏面涵藏著很深的智慧。是吧！這種「生死即涅槃，煩惱即菩提」的講法，你不能單純地用邏輯來解讀。因為這些都不是邏輯命題，它是講人生，甚至宇宙的真相，這真相是邏輯管不到的。

好啦，那你講一下，你看完這本書（《純粹力動現象學》）後有甚麼樣的反應呢？有何批評？總括一下你看完這本書之後，你覺得有沒有所得，得了以後對你有沒有積極的作用呢？你可能覺得，讀了這本書，好像是愈讀愈糊塗的樣子。如果是這樣子的話，不如不讀，把它退回給書店算了，也有這種情況啊！每一個

---

❶ 很多年以前，當我仍在香港浸會大學任教的時候，有一群應屆的畢業生來找我，要我為他們寫一些勵志性格的話語。我便這樣寫：

人生多苦厄，隨時會倒下，意志不認輸，掙扎站起來。

這首打油詩的意思，跟這裏所說的，非常接近。

人的腦袋都不一樣,對同一樁事件,每一個人的反應都會不一樣。

鍾:當然,老師這本《純粹力動現象學》所關心的問題,也是我一直在思考的。就是世界上,中國啊,或者是東西方的形上學或存有論,它們應該怎麼樣統合起來呢?我當初的想法是先找出一種中國哲學在形上學方面的特質,然後找出西方哲學在形上學的特質,再提出自己的哲學概念,把它們統合起來。在老師的書裏面,我已經看到一種可能性了。就是,京都學派他們透過絕對無去統攝東西方的存有論,而老師進一步提出說,絕對無還不是最後的,必須把絕對無和絕對有統合起來,才是最後的終極真理。我覺得這點對我很有啟發性。當然,這絕對無跟絕對有是一種能夠概括東西方思維的可能性,我自己當然是希望站在老師的基礎上,試著去看看是否有其他的可能性,就是除了透過絕對無跟絕對有去統合東西方之外,是否還有其他的可能性。

吳:那你是不是可以用你比較熟悉的道家跟海德格這兩方面的觀點,來回應我所講的呢?你可以這樣想像,老子、莊子跟海德格看完了這本書以後,他們怎麼想,他們的反應會是怎麼樣呢?你可以在這方面作一些比較的研究。你可以這樣子去想。

鍾:我較可能會從海德格的方面來講吧。海德格他的反應可能會說,第一個也是我之前所提到的那個宇宙論的問題。他會說,如

果照現象學的方法的話，只能從經驗所及的東西去思考它的意義。在這種現象學的基礎上是不是能夠再建立一套宇宙論出來呢？我是覺得他可能會這樣子想。第二個問題就是，老師還是認為他是傾向靜態的，他可能會反駁。因為他也會說存有有一種「遣送」（Schicken），他也會認為存有有一種遣送出「存有的歷史」出來的那種能力，他可能不認為他的哲學是非常靜態性格的。第三個問題，就絕對無跟絕對有來講的話，事實上海德格所思考的存有，到最後它也不只是一個「有」而已。因為他覺得西方傳統形上學從存有者抽象出一個本質啊、存有的這種方式，這條路是不通的。所以他才去思考存有的意義或者是存有的真理，到後期便講那個場所，一個 Ort（場所）或者是 Ortschaft 那種問題。就是像西田幾多郎講的，從柏拉圖下來一直講的 chora 的那個問題。所以他也認為，最後的存有是一種有跟無的統合性的東西，他最後也講「無」的那種東西。所以他最後講的存有是有跟無的一種統一。

吳：你是說，他對西方形而上學，就是從柏拉圖開始，一直到他的那個年代，在這個存有的哲學方面，或者是說，他們對存有的那種瞭解，他認為有所偏、太機械化、靈動性不夠，概括的範圍也太小麼？然後他自己就提出他的那一套 *Sein und Zeit*（《存有與時間》）的思想。這也是一種現象學啦，就是有一種改造西方形而上學的型態的傾向，或者是說，把西方傳統一直所瞭解的那種存有，作一種轉向。甚麼轉向呢？我是覺得他的確是有一種轉

向的意味在裏面。可是是哪一種轉向？是宗教的轉向？道德的轉向？還是美學啦，還是認識方面的轉向呢？那我就不是很清楚。

鍾：主要是存有論方面的。

吳：存有論的轉向。存有的面相也是多元的呀！那有沒有一種從靜態轉到動感的這種想法呢？

鍾：他比較不強調動感。他有時候會提到老子的「靜」（Ruhe）。他還是比較強調「靜」是所有運動的一種根源。當然這是一種講法。但也還有另一種強調動感的方面，就是他把存有、「道」比擬成是一種「開闢道路」（Bewegen）。

吳：開闢道路？

鍾：對。

吳：誰是開闢的人？是他還是上帝？

鍾：是存有本身。他不講上帝，也不講人，他是講，譬如說下雪完畢，可能道路都不見了，現在我們就必須去開闢道路。他認為如果要正確的瞭解他所講的道，就要注意開闢出來的那種東西。

吳：他講的那種存有，跟純粹力動有甚麼關係呢？是否兩個都是概括性很強、很廣的存有論的概念呢？如果我要你把他的存有的概念跟純粹力動的概念相比，哪一方面的內涵比較豐滿，有較強的理論性？那你會怎麼比較呢？就是它們相同的地方在哪裏？不同的地方在哪裏？如果不同，有沒有另外一種解讀的方式，把這兩種東西貫通起來呢？

鍾：相同的地方可能就是，純粹力動跟海德格講的存有，都包含了有跟無這兩面。最大的不同就是，他不講宇宙論。

吳：這也不光是他的問題啦。胡塞爾本來也是這樣。我自己在書裏面說到胡塞爾的那套現象學，就提出一點。我認為，他在這方面是做的不周延，或者是沒有碰這方面的問題。就是他沒有一種宇宙論的開拓，或者是宇宙論的推演，讓一種宇宙論的絕對意識（absolutes Bewuβtsein），可以作為它所建構的那些種種不同的存在的根基。就是說，把這個絕對意識，跟種種不同的存在，用宇宙論的方式給連貫起來。關於胡塞爾的意識哲學，「意識現象學」（Phänomenologie des Bewuβtseins），我們可以這樣講，根據他這一套講法，他說對象或者是一般物件，基本上是從意識本身構架出來的。意識有意向性（Intentionalität），藉著後者的指向作用，可以構架對象、存在事物。這是存有論的哲學，當然也是觀念論。就是說，意識通過意向性的指向作用，可以建構對象、存在世界。可是，問題是，你這個絕對意識，作為一種終極

原理，是抽象的性格，如果你要把它看成為具體的存在世界、經驗世界的存有論的一個源頭、根源，那我就可以提出一個問題：你這個絕對意識，是在抽象的狀態中的，它怎麼樣能轉生出具體的和立體的宇宙萬物呢？在這方面他應該有一種宇宙論的推演，才能周延。那宇宙論我用純粹力動詐現種種存在事物這種思路來解決這方面的問題。胡塞爾好像沒有在這方面著力，沒有談這方面。如果是這樣的話，我們還是有一個問題，就是抽象的意識怎麼樣能夠構架出具體的、立體的對象世界呢？後來那些現象學家，也包括海德格在裏面，好像沒有在這方面做過認真的探討，你有沒有這種看法呢？

鍾：對啊，他們比較少談宇宙論這方面的問題。

吳：可是，我們所面對的宇宙裏面的具體的東西，包括這個花草樹木、山河大地，一切一切，是我們居住的環境，就是說我們是居住在一個四周都是具體的、立體的事物的環境裏面。那，這四周圍的環境，它們是怎麼來的，它們有沒有一種發展的歷程，如果有的話，是發展到甚麼程度呢？就是怎麼樣從一個抽象的終極真理，發展出它們那種具體的、立體的型態呢？然後，它們在時間空間裏面，不停在活動，這種活動有沒有一種規律呢？然後就是說，這種活動有沒有一種目的呢？如果有的話，那目的是甚麼呢？我想這些都是我們要考量的問題。因為這些東西和我們的生活關係太密切，我們絕對不能忽略它們，不談這些問題。我們不

能說我們的哲學主要的處理對象就是形而上的概念、觀念，而不是這種唯物性格、物質性的東西。人總是用兩隻腳踏著這個大地，一步一步地來行走。人就是處於這種生存的環境狀態，朝來吃飯，晚來眠，人就是這樣生活的呀！人不能離開大地來生活，而這個大地就是很具體的，很立體的一種環境，你能逃避它嗎？離開這個大地，你的生活就垮了，你怎麼能不管呢？是吧？

鍾：我想他們是用其他角度解釋這些問題。對於傳統哲學的那種宇宙的演變的問題，他們比較少談。

吳：講這方面的事情的人也不少。比如說亞里斯多德已經不停地在講。從那個實體，從四因說裏面，動力這個因素、實體的因素，還有目的的因素，這樣講下來。然後到基督教，由上帝來作這個宇宙大地的創造者。然後下面就有很多很多唯物論方面的思想，是吧，馬克斯啊、恩格斯啊，都是講這一套。可是到了現代哲學，不管是英美的分析哲學也好，歐陸的現象學、詮釋學也好，好像都把宇宙論的問題放在一邊，不管了。怎麼能不管呢？你每天生活都要碰到的東西，你不能不給它一個哲學的處理。你光是作文學的描寫不夠啊。你寫一篇文章去讚美宇宙，讚美月亮，讚美長江黃河的大自然的美景，是不夠的。這些都缺乏法理性，也缺乏科學性。所以在這方面，我想，哲學一定要處理這些問題。

鍾：另外，老師這本書比較偏向討論存有論跟宇宙論方面的問題。有沒有打算也寫一些「工夫論」方面的，比如說一個人要怎麼樣展現純粹力動呢，他應該要作甚麼樣的工夫呢？比如說道家有提到無為，海德格有提到 Gelassenheit（泰然任之），或者是說沉思（besinnliches Denken），透過一些方式人可以體證存有或是道。那透過甚麼樣的方式，人可以達致純粹力動呢？另外就是說，老師在談自我的時候有提出了四種我：美感欣趣的我、道德的我、宗教的我，還有認知的我。那需不需要提出一個所謂的「力動的我」呢？哪一個我才能夠達致純粹力動呢？

吳：我想先回答最後那個問題。力動的我，我想，它跟這個道德的我（我把它叫作「同情共感我」）、宗教的我（「委身他力我」、「本質明覺我」、「迷覺背反我」）、美感欣趣的我（「靈台明覺我」）、認知的我（「總別觀照我」）都有密切關係。我想，純粹力動跟這幾種我不是在同一個層次的，它是一種總合，對幾種我的總合。就是說這個力動發動出來，可以有幾個矢向，有道德的，有美感欣趣的，也有認知的，也有宗教救贖的。所以，我沒有把這純粹力動看成為一種自我，它是不同自我活動的總的根源，這是一點。至於工夫論的問題，那當然是很重要的。東方傳統一直以來都是很重視實踐方面的問題、工夫方面的問題啊。就是說，我們不光是要瞭解這個真理，還要體證這個真理。怎麼樣去體證呢？你就需要有一套工夫論。不過我現在也不能一下子把一切東西都拿來處理妥當。在這方面，需要有很

周延的思考、很充足的精力來處理才成。作這個工夫，是建構純粹力動現象學這種形而上學的體系的一部份，要一步一步作。現在這本書主要是講存有論的。另外一本續篇的書，現在在排印，它裏面有很大的一部份是處理宇宙論的問題。這兩本書合起來，就算是在形而上學方面，把純粹力動這一套哲學建立起來。下一步就是對純粹力動所詐現而形成的種種事件、種種事物的研究，我們要怎麼樣去認識它們，對它們建立一種客觀而又普遍的、有效的知識、認識。目前我已著手思考這方面的問題，就是「量論」的問題。這方面的工夫非常複雜。要作周延的哲學的處理，需要很多時間，用很多精神去處理。這兩個部份，就是形而上學跟量論做完以後，整個形而上學的架構算是比較完整地作為一套現象學的哲學體系建構起來了。第三步就要談工夫論方面的問題，就是說，以前面那幾種學問：存有論、宇宙論、認識論作為基礎，我們怎麼樣能依一定的方法，去把作為終極真理的純粹力動體現出來呢？讓它在我們日常的生活裏面，有正面的、有價值的影響呢？由於量論部份工程很大，甚麼時候能做好，我也搞不清楚，所以我現在還沒有很積極地去想工夫論的問題。我想，量論能夠作出來，工夫論應該是比較容易作的了。不管是量論也好、工夫論也好，都涉及很多具體的議題。我的意思是說，這已經從形而上學的層次下落到生活的層次，就是像胡塞爾所講的 Lebenswelt（生活世界）的這個層次。所以，這方面當然也是要做啦，只是現在條件夠不夠呢？目前很難講。那如果我自己做不來，也希望有人能順著這條路作出來。我們先要學習前人的成

果，不管是中國的也好，印度的、西方的、京都學派的也好，你都要去瞭解它們啊。我們應該有一種自我的認同，這個認同性表現在哲學思考方面，就是要有自己的一套哲學，包括形而上學、量論、工夫論這幾個部份。那個大輪廓、大方向就是這樣，那怎麼作還是要看周圍的環境，還有個人的健康狀態怎麼樣。最後，最好也能處理純粹力動作為終極原理、真理的文化開拓的問題，它如何開展出道德、藝術、宗教、知識等諸種不同的文化活動與成果呢？但這些都是頗為遙遠的事。好啦，我看可以停下來了。

附錄：

答台大博士生蔡妙坤問「中國哲學的生機」問題

蔡：我有兩個問題。第一個問題關於研究中國哲學的基本態度、理念方面。我自己是比較以中國哲學為本位的，因為我現在在台大念的是東方哲學組。依我現在很有限的瞭解，在探討一些概念或範疇上，東西方有很明顯的差異樣。再來就是，譬如說鍾振宇作的是跨文化或比較哲學方面，我自己覺得，只要把一些基本問題處理好，東西方之間自然就有一些對話的空間或可能性。我想提的問題是，以吳老師現在的眼光來看中國哲學的話，中國哲學的生機會是在哪裏？這個生機有兩方面的意涵，一個是說在整個世界中的機會在哪裏？另一方面是研究中國哲學時，如何保持中國哲學的活力？

吳：去年，清華那邊請我去做一場專題演講。❶我的講題跟妳提

---

❶　演講完後，清華大學哲學研究所的同人提出好些問題，其中一個問題非常重要，我要在這裏作些說明和澄清。這個問題是：我提出純粹力動和它的詐現來取代體用論，則是否可以把純粹力動復視為體，把它的詐現視為用呢？倘若可以的話，則豈不又是出現一種體用論麼？我的答覆是不可以。純粹力動是一種純粹動感，不單沒有經驗內容可言，也沒有形而上的體性，更不是實體。這個意思不易說得清楚。當我們說體用論時，我們是確認一個形而上的實體作為終極原理，由它發出種種作用，或如熊十力所

的問題有關係，就是講到中國哲學的現代化、世界化的問題。這是一個很大的題目，妳可以從很多方面來講。像妳剛才講的就是，東西方的那些重要的哲學的理論、學說差別很大，好像不容易把雙方拉近、縮小雙方的距離，來做一種對話或者是比較研究。本來很多人都是這樣想，事實上他們想的也沒有錯。就是東方跟西方，也不光是中國，東方這一方可以包括中國、印度，甚至日本、西藏那些。它是好像有一種固定的形態，跟西方的那種形態不一樣。我可以先這樣講，東方人對「直覺」這個觀念一直下來好像已經有了一種共識、定見，東方的思維的方式就是強調

說，宛然詐現出種種事物。這些作用與詐現活動預設一種力，這力需要由一個實體性的東西發出來，它們是存在於實體之中。這樣，用由體發，體發為用，便成就了體用論或體用關係。在純粹力動現象學中，以分解的方式（即是，施設性地把純粹力動從它所詐現的事物中抽離出來，嚴格地說這是不可能的，純粹力動只存在於它所詐現的事物之中，因而我用「施設性」字眼）來說，純粹力動自身是一種超越的活動，在這種活動中，自然有力，活動自身便需有力來推動。因此，圓融地說，活動便是力；我們沒有需要在活動之外找尋或確立一個實體，一個形而上意義的實體，作為這力的來源、發源處。因此，純粹力動決不是實體，而它所詐現的事物也不能說為是它的用，卻是這純粹力動開顯自己、呈現自己、實現自己的結果，它便是在這種自我的開顯中成就它的本質，這本質便是動感。故把純粹力動視為體，把它放置於實體之中，實是一種存有論的錯置。純粹力動決不能說為是體，既不能說體，則用亦無落腳處。體用論云云，根本無從說起。倘若一定要說體用論，則我們只能說，純粹力動自身是用（力），自身也是體。體與用在純粹力動之中成就了它們的自我同一性。體與用既然指同一的東西，則亦不必再立「體」與「用」的名目，沒有「體」與「用」的名目，則體用論亦失去其實質的意義。

所謂直覺，那這個直覺也很廣，也有很多不同的意涵。直覺可以
是最初的，光以感官看外面的世界而得到的一種印象，好像是很
粗淺的直覺，然後慢慢地發展上去，那精神的意味越來越濃厚，
然後發展出一種睿智的直覺。就是到了認識那種本體啊，或者是
物自身的層次。這睿智的直覺所瞭解的對象就是物自身的那個層
次。東方人一向都是講這種直覺，而且把它不斷地發展，發展到
認為我們的直覺可以體證終極真理。這種情況，西方就沒有。康
德這麼大的一個哲學家、這麼有智慧的一個哲學家也不敢這樣
講，說人可以培養這種能力來認識物自身。西方哲學有一種特
色，我們通常用「辯解」這個字眼來講，也就是說，隨便舉一個
西方的哲學家，古代也好，當代也好，他們那種辯解的成分非常
濃厚，而且往往發展成一套大系統，他們的著作多的不得了。一
個人怎麼有這麼多的時間、精力去寫這麼多的書呢？這都是要經
過很艱苦的思考才能寫出來的。可是幾乎每一個西方的大家都有
一種系統，內容非常豐富，涵蓋性也非常非常廣遠，可是他們就
沒有把人的這種直覺、這種認識活動發展得好。跟東方這邊比
較，他們是有不足的地方。我們在辯解方面，在邏輯啊、認識論
啊、形而上學的理論方面，基本上就是缺乏那種辯解的能力、習
慣。所以我想這兩方面都可以互補，就是互補對方的不足。但這
是很空泛的講法，很多人都這樣講，問題是要怎麼樣去做呢？你
說要吸取西方的長處，本來沒有的東西就從西方哲學那邊去吸收
過來。想是這樣想啊，可是實際上到底怎麼做呢？怎麼開始呢？
這是一個 practical（實踐）的問題，是很現實的問題。

　　我當初就提出，說把東西方的哲學溝通起來，先對東方的哲學有一種比較深入而廣遠的瞭解，然後再發展出一套一方面能兼有東西方哲學的優點，另一方面超越西方哲學所有的限制，這樣或能發展出一些綜合性的思想來。我舉京都哲學為例。他們這樣做綜合性的工夫大概有大半個世紀，可能有一個世紀了，他們從西田幾多郎開始就做這樣的研究。從那個階段到現在，可能已經超過一百年了。他們就是這樣做。我們是不是也可以吸收他們的經驗呢？我的意思不是我們要完全學他們。我是說，這個學派怎麼可以在一百多年以內，就能作到綜合東西方哲學的程度，然後發展出一套有自己風格的、也有東西方哲學的那些特徵的一套龐大的哲學體系，其中必有我們可以學習的地方。

　　印度也有他們的經驗，印度學者對西方哲學也做過不少的工夫，希望把東西方哲學的長處綜合起來，最後我想還是不成功。不成功裏面的最大因素，我想是他們還沒有很正確的把握到東方哲學的精神。因為印度人太侷限於瞭解自己的那種傳統，對東方其他哲學、宗教的傳統不是很關心，講的不客氣的話就是故步自封。他們以為印度那套東西就能代表東方的思想，然後以他們那套東西去跟西方哲學做一種會通，這樣就完成一種綜合東西方的哲學、宗教的一種很偉大的工程，他們以為他們這樣做基本上是成功的，也以為有了某種程度的成就。他們的確是這樣想。可是他們把自己的印度哲學看得太高，以為那套東西就可以代表東方，其實不是。東方的思想是很多元的，印度當然是其中很重要的一個部份，可是這並不周延。東方這個哲學跟宗教傳統當然不

限於印度方面，中國、日本也是一個傳統。所以他們所抓到的那種東方的哲學、宗教思想，跟文化傳統，只是限於自己印度那一方面，他們沒有抓到東亞這方面。如果你拿京都學派跟他們比較，那情況就不一樣。京都學派在東方的範圍裏面所涉及的內容是比較廣面的、比較周延的，他們吸收印度的哲學跟宗教，也吸收中國的哲學跟宗教，可是他們不以這兩個哲學、宗教的體系為滿足，他們要開出自己一套有創造性、原創性的哲學。這一套哲學可以拿來跟西方哲學等量齊觀，進行一種東西方的哲學跟宗教的對話，吸收及綜合東西方哲學跟宗教的好的地方，成為一套涵蓋性更廣、更深的哲學思考。他們是考慮這個方向。

　　所以在這個問題上，是有一個例子可以看，看他們的發展。但這樣也不表示他們就是十全十美、完全正確。我是說他們那種方向是比較完全，能夠照顧到哲學、宗教的多個角落，這就是向世界性、世界化的那個方向走。我提的那種中國哲學的世界化，基本上也是這樣的意思。就是怎麼樣把中國的哲學，傳統的也好，現代的也好，上提到一個高度，在這個高度上可以跟西方的哲學與宗教的傳統相互比較，相互吸收對方的所長，而能補己方的不足，以進行自我轉化。可是，事實上，在大陸也好，在台灣也好，中國哲學好像還是停留在初步的探索的那個階段，對於東方跟西方、古代跟現代，整個世界哲學的輪廓還沒有抓好。現在不是很多人都講當代新儒學嗎？當代新儒學很好啊，但講來講去都是我們中國人在講，人家沒有參與的機會。為什麼會這樣啊？你光是講還是不夠，有很多基本的工作要去做才行，這就是推

廣。譬如說，當代新儒學中目前還沒一本有代表性的英譯本，讓
西方人了解，因此這套學問總是無法推出去，與國際特別是歐陸
的哲學作真正的、直接的對話、交流。中國的哲學在西方來說，
一直掌握在漢學家的手上，可是他們不懂哲學，也不懂宗教，凡
是有關中國的東西，哲學也好，宗教也好，甚至藝術啊、文學
啊，甚麼東西，只要是中國人弄出來的，他們都要收在一起，結
果就很不清楚，到底中國哲學怎麼樣建構起來，它的特性怎麼樣
去講，他們也搞不清楚。台灣我想也有這種趨勢，就是中文系裏
面有點像西方這種漢學的研究，把中文系弄成是無所不包的系，
在裏面，有關中國的哲學、宗教、文學、藝術、歷史、經學，林
林總總，都放在一起，結果就是界線都不分明。這是一點，另外
一點是，你要一手抓那麼多的東西，哪有這麼多的時間跟精力
呢，結果就是只有一些瞭解，但這種瞭解都不夠深入，不夠廣
遠。就是對中國的學問，每一種東西都有一點瞭解，可是瞭解的
不夠，而且界線也分不清楚。就是說 you know something about
everything。就是不夠啦，每一種東西你都瞭解一點點，做不出
成果出來。所以分析這種意識也很重要。中國人好像就是對自己
沒有自信，以為外國的東西才是好的，甚至研究中國哲學、中國
文化，他們都是取法西方那種漢學的傳統。這個方向是錯的，因
為他們本來就沒有區分清楚中國哲學是哪一些、中國宗教是哪一
些、民間信仰是哪一些、文學是哪一些，也沒有建立對於這些不
同性格的學問的研究方法論。譬如說《詩經》，有人把它當成一
種哲學經典來看，有人把它看成為文學的經典。《莊子》也是。

有人念文學就去念《莊子》，說《莊子》的文章對中國文化，特別是藝術、文學方面，都有很深的影響。可是《莊子》哲學的真面目好像就忘掉了，就顯不出來。在台灣就是這種情況，西方哲學是獨立於中文系之外，好像是另外一種學問。西方哲學與中文系、中國哲學也都不一樣，好像做這些研究的人是另外一種動物，而對我們中國哲學作研究的人是另外一種動物這樣看。其實，哲學問題應該都有啦，東方人所想到的哲學問題，所探討的那些問題，跟西方人沒有很大的分別，不過就是表達的方式不一樣，中國人重視直接性的表達，西方人就是比較曲折一點，把每個東西都分析一下，最後就搞出一套非常大的系統來。

　　妳所說的所謂中國哲學的生機，這是一個大問題，一時不知如何著手去做才好。我想還是先要把根基扎好為尚，根基扎得深，便會有旺盛的生機。否則一切都是空談。如何扎根呢？我想應先有一套好的方法論才成。做任何事都要先掌握一套有效的方法，這是不必說的了。我自己是從佛學研究起家的，因此也便在這方面著力，為自己建立一套研究的方法論，那便是文獻學與哲學分析雙軌並重的方法。一方面學習與佛學研究有直接關聯的語文，另方面在哲學分析上強化（consolidate）自己的思考能力、理論能力。在這兩方面做好基本工夫，則不管你是研究東方哲學或西方哲學，都能扣緊相關的文獻，作哲學的分析、處理。生機不在別處，只在扎根之中。

後 記

近年我在構思自己的純粹力動現象學，進行造論。目前已出版了《純粹力動現象學》和《純粹力動現象學續篇》。兩本書加起來接近一千八百頁，篇幅不可謂不多。接著要做的，便是有關量論或知識論的建立；實際上，目前已經在進行中了。《純粹力動現象學》是在三年前（2005）出版的，在此之前和之後，我曾和一些學界的朋友和學生談論過，也曾在好些場合中作過有關這方面的演講，包括鵝湖雜誌社、中央研究院文哲所、清華大學哲學研究所、華梵大學哲學系、佛光大學（宜蘭）宗教系、華南大學哲學系、美國美田大學場有哲學國際研究所（International Institute for Field-Being Philosophy, Fairfield University, USA），等等，所得的總的印象是「難懂」。有些回應是有原創性，在場有哲學的脈絡下最能被欣賞，等。迄今為止，尚未有書評出現，我只聽過一些消息，說有些青年朋友聚合起來，去讀這本書。

對於這些回應，我不免有點失望。實際上，我已為構思和撰寫這兩本書在健康上付出了代價，那便是手寫已跟不上腦袋思考那麼快，因此時常漏字。譬如說，我想到柏拉圖的形而上學，手寫卻只寫出「柏拉圖的形而學」，漏了一個「上」字。這正是手

腦不相應。現在很多人都會用電腦，就是我不行。我感到內心有
一種拒絕學習新的東西的傾向，最後乾脆不學，因此現在仍是電
腦的白癡。近幾年我在中研院文哲所都有為中央大學方面開課，
今年來了一個博士生，她帶著手提的電腦來上課，以電腦代手來
記錄要點，與法庭的書記官記錄供詞沒有兩樣，我看得呆了眼，
說你真棒啊，畢業後你不愁找不到工作了，到法庭做書記官便
成。因為現時台灣的高級研究非常普及，每年都培養一大批碩
士、博士的人才，由於人數太多，大學或專技學院的職位有限，
失業的大有人在，那位學生便不用愁，若找不到適合的教職，便
可到法庭當書記官，做一個公務員，薪水好，福利也好，將來也
可以升任為檢察官以至法官哩，何樂而不為？

　　回到純粹力動現象學方面。我花了那麼多時間與思考力才炮
製出這兩本書，卻教人看不懂，也花了買書的錢，真是罪過罪
過。怎麼辦呢？當時我突然有一種想法，應該寫一本通俗的、淺
白的書，把純粹力動現象學的重要問題深入淺出地寫出來，作為
一個導引（introduction），讀者看了這本書，然後再看《純粹力
動現象學》，肯定地會覺得不是那麼難懂了。當時我是這樣考
量，恰好成功大學的鍾振宇博士來找我，表示他向國科會人文學
研究中心申請的「年輕學者輔導計劃」一案獲得通過，要請我作
為薪傳學者，接受他作為年輕學者的訪談，內容是環繞著拙著
《純粹力動現象學》中所講的，作扼要的、深入淺出的闡釋。我
想這正好是一個機會，把所講的記錄下來，出版成書，讓其他年
輕學者、朋友都能讀到，對我在這方面的思想有一輪廓性的瞭

解，再去看那部大書，便不會感到那麼難懂了。於是便一口應承下來。這個訪談進行了六次，每次講兩個小時。先由振宇君擬好問題，然後我依次回應。整個訪談系列都錄了音，然後由他記錄、整理，最後我又在文字方面作了些刪改，便成為現在這個樣子。對於這個訪談，我認為有些地方要補充，對於一些名相要作進一步的闡釋，本來打算把這些補充與解釋直接放在訪談之中。但由於訪談的問題是振宇君頗用了一些心思擬定出來的，每一講可以自成一篇講演稿，而六講會合在一起，又可作為一部哲學的小品看。為了保持訪談的原貌，不影響整份小品的完整性，我便以附註的方式，把要作的補充和闡釋，在附註中交代。因此，這本小品的附註跟一般的不同，很多有用的觀點和進一步的發揮，都展示於附註之中。就義理的闡發言，附註的內容並不弱於原來的訪談，敬祈讀者垂注。

　　振宇君是留學德國的，在他那裏，我儼然看到自己在三十年前留德的影子。他的專長是道家與海德格哲學。幾年前他曾參加中研院文哲所的博士候選培育計畫。在那一年間，他的表現甚好，專心寫論文，我是他的掛名的指導教授；真正指導他的，是他在德國的教授。

　　　　　　　　二〇〇八、四、二十，於中研院文哲所

國家圖書館出版品預行編目資料

純粹力動現象學六講

吳汝鈞著. – 初版. – 臺北市：臺灣學生，2008[民 97]
面；公分

ISBN 978-957-15-1416-1(平裝)

1. 吳汝鈞 2. 學術思想 3. 哲學

128.99   97012723

純粹力動現象學六講 (全一冊)

著　作　者：吳　　　汝　　　鈞
出　版　者：臺 灣 學 生 書 局 有 限 公 司
發　行　人：盧　　　保　　　宏
發　行　所：臺 灣 學 生 書 局 有 限 公 司
　　　　　　臺 北 市 和 平 東 路 一 段 一 九 八 號
　　　　　　郵 政 劃 撥 帳 號 ： 0 0 0 2 4 6 6 8
　　　　　　電 話 ： (0 2) 2 3 6 3 4 1 5 6
　　　　　　傳 眞 ： (0 2) 2 3 6 3 6 3 3 4
　　　　　　E-mail：student.book@msa.hinet.net
　　　　　　http：//www.studentbooks.com.tw

本書局登
記證字號 ：行政院新聞局局版北市業字第玖捌壹號

印　刷　所：長 欣 印 刷 企 業 社
　　　　　　中 和 市 永 和 路 三 六 三 巷 四 二 號
　　　　　　電 話 ： (0 2) 2 2 2 6 8 8 5 3

定價：平裝新臺幣一六〇元

西 元 二 〇 〇 八 年 十 月 初 版

12812